دجاجة

Andrea Karimé

Wörter Wörter Himmelörter

Sprachen erfinden
Essays und Erzählung

Konkursbuch
Verlag Claudia Gehrke

Für Susann und Chantal

Inhalt

Sehnsucht ist / die Schwester / der Fantasie

Nasrin Siege

Teil 1

Alifbeet
oder
Die Fantasie der
Biogra-Fische

»Das Biest dreht sich hin und her. / Ich krümme und um-
arme mich, / auf Zehenspitzen flüstere ich ihm ein Lied. /
Wort für Wort. / Eindeutig zweideutig«

Lina Atfah

»Ich weiß mehr über die Geschichte von Nelson Mandela als
über die Geschichte meines Vaters.«

Samira El-Maawi

1. vatersprache (für Mithu Sanyal)

du hast mir deine sprache verschwiegen
hast geheimnis gesprochen tag für tag

ins telefon mit besuch und auf der straße
bil lübnän tscharaffna killschi mnihah

(warum durfte ich dich nicht wissen?)

waynak, waynak wie die der vögel
nah ist deine sprache mir

im libanonspiegel kommen meine
wörter gefiedert zurück kalligrafieren

hinter mein ohr arabesker schmuck
magische fremde fische an der wortangel

bala bidoun bala bidoun
später habe ich lingua paterna

versatzstücke enthüllt gesammelt
in die zungentasche

der schatz *al banat jou3aneh*
mundvorrat vatersprache

Mit mir spricht er selten in seiner Sprache, nur manchmal einzelne Sätze. Aber sonst behält mein Vater seine Sprache lieber für sich und hütet sie, als wäre sie ein Geheimnis. Wenn ich ihn mehr als nur einen Satz sprechen höre, zum Beispiel, wenn er mit einem Freund telefoniert, dann ist es so, als reise er von einer Sekunde auf die andere, als reise er auf eine einsame Insel.

Samira El-Maawi

du hast mir deine sprache verschwiegen / hast geheimnis gesprochen tag für tag

Immer schon waren Geheimnisse für mich interessant. Etwas, was ich nicht wissen durfte, wollte ich wissen. Die Neugier einer Autorin bereits in frühen Jahren? Weiß nicht. Aber in unserer kleinen engen Sozialwohnung gab es viel, das ich nicht wissen durfte. Einige Schränke, die verschlossen waren. Schubladen mit interessantem Inhalt. Aber es gab auch Verschwiegenes, Nichtgesagtes hing in der Luft wie Parfüm, mal Rose mal Stinkbombe, mal Orange, mal Gift. Ich versuchte, das Nichtgesagte zu entschlüsseln. Da entdeckte ich die Sprachen meines Vaters. Die Restaurantsprache. Die Telefonsprache. Die Libanonsprache. Die Besuchssprache. Es waren andere Laute als die der Mutter. Aber wie anderes, was ich nicht wissen durfte, blieb es Geheimnis. Leuchtendes Geheimnis. Ich lauschte dem Telefonat und machte mir buchstäblich meinen eigenen Reim. Lasmuschkilla, Tintenkiller.

ins telefon mit besuch und auf der straße | bil lübnän tscharaffna
killschi mnihah |

Ich saß am Fenster. Auf der Straße hing mein Vater mit
Freunden herum. Sie standen ums Auto, mein Vater saß
drin mit offener Tür. Gesprochen wurde mit Zigarette
zwischen den Lippen. Zigarettensprache, die Hände wurden für die Gestik benötigt. Die Punkte, die Haken, doch
was bedeutet das alles. Killschi Mniha. Noch ein Killer?
Und was bedeutet mniha? Würde es besser werden, wenn
ich die Treppen runtersprang, durch die Haustür und
dann ins Auto, auf den Schoß meines Vaters?

(warum durfte ich dich nicht wissen?)

»Sprache ist das Interface, durch das wir mit der Welt kom-
munizieren. Sie ist das Medium, durch das wir unsere Gedanken und Gefühle mit anderen teilen!«, sagt Mithu Sanyal
im Podcast »Voiceversa«[1] und »Sprache ist mehr als Information. Sprache ist Liebe.« Sprache ist Kontakt. Sprache ist
ein Band. Mein Vater hat dieses Band nicht geknüpft.

In meinem Körper
wartet eine Lücke
immer noch auf die Vertäuung.
Aber Lücken kann man nicht vertäuen.
Mein Vater ist ein Geheimnis.
Eine Mauer aus Wörtern und Sätzen
wächst zwischen mir und meinem Vater.

---

1 Voice versa, Podcast des DLF Folge 11.

»Mein Vater hat seine Sprache zwar nie bewusst als Grenze eingesetzt, trotzdem empfand ich sie als Abgrund zwischen ihm und mir.« Mithu Sanyal

Aus der Mauer wachsen Blumen.

waynak, waynak wie die der vögel/ nah ist deine sprache mir
Ich schaue auf die Mauersegler und versuche, ein Band zu knüpfen. Waynak. Wo bist du. Männliche Form. »Ein Vogel, der eine menschliche Sprache nachahmend spricht, versteht weder den Inhalt, noch die sogenannte Grammatik der Sprache. Auch werden die Menschen nie die Vogelsprache verstehen können. Aber eine konzentrierte Nachahmung kann – wie Träume – klare Abbildungen der fremden Sprache darstellen«, schreibt Yoko Tawada in ihrem Essaybuch »Verwandlungen«.[2]

Meine Vatersprache ist eine Vogelsprache. Später bin ich dann zur Forscherin geworden. »Wer mit einer fremden Zunge spricht, ist ein Ornithologe und ein Vogel in einer Person!«[3] 2007 bin ich nach Kairo aufgebrochen, um Arabisch zu lernen. Ich schrieb mich in zwei Kurse ein. Hocharabisch al 'arabie foussha und ägyptischer Dialekt al' arabie armeya. Morgens Schrift und Kayf al halukki und mittags izayik. Ich war überrascht, wie viele Wörter meines Vaters sich doch im Netz meiner Aufmerksamkeit verfangen hatten. Ich war überrascht, das ganze Zahlensystem zu beherrschen. Der ägyptische Lehrer sagte: No lebanese dialect please.

2 Yoko Tawada: Verwandlungen, Konkursbuch Verlag 2018.
3 ebd.

im libanonspiegel kommen meine / wörter gefiedert zurück kalligrafieren
Die Sprache meines Vaters wurde zum Vogel. Zum Ara-
Bisch. Federvieh. Mit meiner Fantasie habe ich Wörter
übersetzt. Eine weitere Sprache entstand. Die der sogenannten »Falschen Freunde«. Für mich sind es aber richtige Freund*innen. Am Klang entlang öffnen sie Türen
zu Poesie.

*hinter mein ohr arabesker schmuck / magische fremde fische an der
wortangel*
Schaumschmuck. Schönes. Mein Vater sagt Schönes. Doch
was heißt charmuta? Ist doch klar Charme-Mutter. Oder
Schaummutter. Eine schöne Mutter mit einem schönen
Lächeln. Flüsternd wie (Bade-)Schaum. Aber warum ist
Papa meistens wütend, wenn er das Wort sagt? Auf mei-
ne Mutter ist er oft wütend. Ist es eigentlich Zufall, dass
Nutte und Mutter klanglich verwandt sind? Wer hat sich die
Sprache ausgedacht. (Später erfahre ich, dass charmuta auf
Arabisch Nutte bedeutet.)

bala bidoun bala bidoun / später habe ich lingua paterna
Mein Vater malt die deutsche Sprache an, dachte ich. Er
webt Sprichwörter aus seiner Muttersprache ins Deutsche und stellt um, spricht farbig und voller Honig. »Ein
Schluck Wasser in der Heimat ist tausendmal besser als
Honig in der Fremde!« oder »Die Heimat sehnt sich nach
den Leuten«. In Kinderohren ist das rätselhaft. Jeder Satz
eine Geschichte im schönsten Zimmer in meinem Kopf.

versatzstücke enthüllt gesammelt / in die zungentasche
Immer noch sammle ich. Und ich mische. Verbinde Salaam
mit Magie zu Salaamagie. Zauberkraft des Friedens. Und
Kalimagie Zauberkraft des Worts. Die Verwandtschaft ist
offensichtlich. Niemals aber wird meine Vatersprache zu
einem Mantel, den ich nach Belieben an- und abstreifen
kann. Immer wird es bleiben
Traurigkeit Geheimnis kühle Perle
der schatz al banat jou3aneh / mundvorrat vatersprache

2. Alifbeet
Alphabet eines Freisprungs.

»Der Faden meiner Poesie gleicht einer Girlande aus Buchstaben.«
                                        Stefanie-Lahya Aukongo

Vorwörter

1.

Das Alphabet ist eine Zeichenfolge. Und fungiert als Weg-zeichenfolge. Alpha ist A. A wie Alamat. Auf Arabisch *Weg-zeichen* im Plural. A wie Andrea und A wie Arabisch. Das Bet enthält Gebet und Beet. Es verweist auf Wachstum. Säen. Aber Beet heißt auf Arabisch auch Haus. Heim. Ich betrete das Haus der Erinnerung. Und gehen und säen sind Anliegen dieses Texts. Ich gehe Pflasterstein für Pflaster-stein meiner Erinnerungen ab. Auf der Zeichenfolge. Sie dient mir, den Weg abzuschreiten von einer Freiheitsbe-raubung zu einem Freisprung. Als Zeichen dienen mir die Buchstaben, die zu Wörtern führen.

Auf dem Beet wächst ein A wie Andrea.

Auf dem Beet wächst ein A wie Arabisch.

Dieser Text reiht sich ein in meine Essays, die sich mit meinem Schreiben im Zusammenhang mit biografischer Diversität auseinandersetzen. Ich spüre die Ressourcen auf, die meine libanesisch-deutsche Kindheit für mein Le-ben bereithielt. Als ich 1975 von meinem Vater in den Libanon entführt und dort für drei Monate bei meiner libanesischen Familie »abgestellt« wurde, stellte das eine Zäsur in meinem bisherigen Leben dar. Ich entwickelte

Kräfte, mit dem Trauma des Betrugs, Verrats und der Freiheitsberaubung umzugehen, die ich bisher nicht kannte. Zentral sind dabei Kühnheit und Fantasie, die ich im Libanon entdeckt habe, und die sich in der Zeit danach voll entfalteten und lebenslange Kräfte geworden sind.

Das Alphabet ist die Wegzeichenfolge durch den Text, und nicht die Chronologie. Durch eine neue Abfolge der Erinnerungen ist eine neue Perspektive auf die Ereignisse möglich und der Schrecken kann durch entstandene Zwischenräume entweichen.

2.

Ich pflanze ein Alifbeet. Eine Buchstabenbeet aus Alif und Zettel und Dschinn *und* Renn. *Einen Geheimnisgarten, der Poesie heißt. Ich pflanze eine Girlande, die Geschichte eines Mädchens, das ein Buchstabe werden wollte, der treibt und blüht. Sich verwandelt und fortschreitet. Ich zupfe ein paar Blättchen von der Alifblüte. Und lege diese zwischen zwei Seiten eines leeren Buchs.*

Das Mädchen macht sich mit dem Wind davon. Man sagt, sie sei auf einem Sprungturm gelandet, wo der Wind ihr das Wesen der Freiheit erklärte. Die Buchstabenblume war ein Mädchen geworden, das das Auftauchen begriff, und dass es dafür den Sprung braucht.

Als ich das Buch nach drei Tagen wieder aufschlage, steht ein Text darin, ein Vademecum, ein Kalimlarium:
Vielleicht
ein Auftauchen in Sprache
nach dem Sprung.

Auftauchen.

Das Mädchen ist mit A verwandt. Ihr Name beginnt mit einem großen A. Das große A bedeutet A und Alif. Das große A wie Arabisch. Das Kind sieht so arabisch aus, sagte die deutsche Großmutter. Arabisch wie ihr Vater. Und das ist nichts Gutes, weiß sie. Der Ton der deutschen Großmutter ist sorgenvoll und seufzend. Liegt's am großen A? Alif wie Kalif. Aber Kalif ist kein Buchstabe. Kalif ist ein Herrscher. Der Vater ist ein Kalif und das Mädchen Alif, so musste es sein. Dass Alif ein Teil des Kalifen ist, über den er voll und ganz herrscht, erfasste Alif in den ersten zwölf Jahren ihres Lebens.

Beim ersten Besuch im Libanon legt Papa arabische Wörter auf einen Zedernteller. Schukran klingt wie Schuhkrem und heißt Danke. Mai klingt nach Geburtstag und glöckchengrün und heißt Wasser. Wörter sind Spielzeuge, denkt sie — damals und immerfort.

Doch eines Tages wurde Arabisch ein Feind. Das war, als sie zum Besuch im Libanon gezwungen wurde. Ich spreche nie wieder Arabisch, dachte sie und verschloss den Mund. Als sie in dem weißwandigen Zimmer auf dem weißleinigen Laken saß und erkannte, dass sie gefangen war. Der Kalif hatte sie in dieses Land gebracht, in dem sie vorher arglos mit Wörtern, Kusinen und jüngsten Tanten gespielt hatte. Verschleppt! Jetzt musste es vermieden werden, zu sprechen. Denn Sprechen bedeutet Gehirnwäsche. Das weiß sie genau. Sie hat es gesehen, Jahre zuvor bei der kleinen Kusine Faiza. Der Onkel, der dem Vater

22

nach Deutschland gefolgt war, hatte seine kleine Tochter ein Jahr später von dort zu den libanesischen Großeltern gebracht. Für immer. Keine Zeit für Kind, sagte er, und *keine Geld*. Die deutsche Tante hatte Ja gesagt und Amen. Und so kam Kusine Faiza nach Libanon für immer. Nach zwei Jahren sah die Tochter des Kalifen ihre Kusine das erste Mal wieder. Es waren die ersten Sommerferien im Libanon, der Heimat des Kalifen, der ihr Vater war – und damals war der Besuch ein Besuch. Kusine Faiza sagte zu Opa *Papa*, sprach Arabisch, hatte Deutsch vergessen. Kusine Faiza war eine andere geworden. Fatme nämlich und Fatume. Wie Opa, der Vater des Kalifen, sie nannte.

Daran erinnerte sich Alif, als sie im weißen Zimmer angekommen war, und schloss: Jedes arabische Wort, das sie lernte, konnte eine Waffe gegen sie selbst sein. Ein Pfeil auf ihr Innerstes. Bereit, es zu zerstören.

Die Namen der vier Tanten beginnen alle mit A wie Alif. Ayla, Amira, Aya, Asya. Ayla ist nicht viel älter als sie und bringt ihr Zählen bei. Und Zahlen lesen, damit sie Karten spielen kann. (Sie hält es geheim. Niemand soll merken, dass sie arabische Wörter kennt.) Nachts wird Arabisch manchmal zu einem freundlichen schwarzen Vogel mit Arafedern. Er steht auf der Brüstung nach draußen und will ihr fliegen beibringen. Der Ara-Bisch spricht Deutsch, wird ihr Freund und flüstert von Spinat und Ei und Heimat.

Und das ist das Auftauchen.

Ein Auftauchen in den Glitzer der Sprache vielleicht.

In die tröstlichen Funde der Fantasie.

Blau

Beirut war das Tor zur Freiheit. Hier gab es einen Flughafen, nur nicht, wenn Krieg ist, dann wurde er gesperrt. Und da der Kalif nicht wollte, dass Alif nach Deutschland fliegt, nützte der Flughafen nichts.

Die Straße zum Flughafen ist blau, erklärt der Ara-Bisch in der Nacht.

Vom Fenster aus war ein langes dünnes Rechteck zu sehen. Hinter den Oliven war das Meer. Alif überlegte zu fliehen, sich allein durch den Hain zu schlagen und dann am Meer bis zum Flughafen zu laufen. Denn der Kalif war nun fort. Zurück in Deutschland erpresste er die Mutter. *Nimm die Scheidung zurück, sonst siehst du die Kinder nie wieder.*

Alif und ihre kleine Schwester Melek hielten jeden Tag nach ihm Ausschau. Und da war der Moment, in dem sie doch ein arabisches Wort lernen musste. *Bukra.* Bukra heißt morgen. Jeden Tag. »Und morgen kommt der Kalif zurück«, behauptete der kleine Onkel Hamid, der Alif den Anorak gestohlen hatte. Onkel Hamid widersprach und sagte: »Geliehen«. Für immer geliehen, dachte Alif. *Papa kommt morgen.* Bukra. Bukra. Das Wort war ein Magnet mit gigantischer Kraft. Es konnte Väter anziehen, Hoffnung malen, jeden Tag.

Die Behauptung des kleinen Onkels war teuer. Onkel Anorak gab Alif jeden Tag, an dem der Kalif nicht kam, einen Liroschein. Alif, die gern verloren hätte, sie wettete trotz allem darauf, dass Papa nicht kommen wird, sammelte die Scheinchen und pflanzte sie in ein unsichtbares

Beet. Dort vermehrten sie sich und wurden traurige Geld-blumen. Der Vater kommt nicht zurück, sagten sie. Aber du bist reich.

Und dann brach im Libanon Krieg aus. Nachts roll-ten Panzer am Haus vorbei. Es knallte. Tagsüber saß die Familie vorm Fernseher. Das blaue dünne Rechteck ver-blasste unter Qualm. Verschwand aber niemals ganz.

Der Ara-Bisch nimmt sie mit über den Olivenhain. Dann taucht sie unter. Und spielt Froschkönigin. Später, nach der Zeit, die nicht enden wollte, liegt unter ihr, auf dem Sprungturm, das blaue Viereck wieder, sie denkt, was sie immer dachte: Freiheit ist ein blaues Vier-eck. Und man muss immer springen. Mit Angst und ohne.

Tante Ayla schenkt ihr ein glitzerndes Minigeschirr. Winzige Tassen und Teller, nur der Daumen passt rein. Alif spielt. Sie kocht blauen Tee für den Ara-Bisch.

Am Abend legt sie das Geschirr auf das Beet, auf dem Wör-ter wachsen.

Und die Geldblumen.

Chara

Unbemerkt nahmen weitere arabische Wörter in Alifs Kopf Platz. Wie eigentlich, wo sie sich doch so gewehrt hat? Wo war die Tür zu diesem kleinen Abstellraum?

Chara zum Beispiel. Ein Fluch der mit Fluch-Ch be-ginnt. Flüche waren Waffen. *Kül lübnän chara,* sagte Alif. Ganz Libanon ist Scheiße. Damit beherrschte Alif den Onkel Hamid und die jüngste Tante. Das darfst du nicht sagen, flehten sie. Aber Alif sagte es doch, und alle waren entsetzt. Mit lateinischen Buchstaben malte A den Satz an ihre Gefängniswand. Niemand wusste, was sie damit sagen wollte. Die Großmutter mit den Geldscheinen im Brustversteck konnte es nicht lesen, die Tanten verstanden es nicht und die Onkel kamen nicht in ihr Gefängnis.

Einzig der Vater, der beinahe zu spät zurückgekommen wäre, um sie zu holen, las und lachte. Das war die gütige Stunde eines grausamen Kalifen.

Ein weiterer Fluch sorgte für Geschenke, damit sie nichts mehr sagte.

Alif weiß, dass Wörter Schlüssel sind
Sie öffnen Türen zur Macht
Schon früh hat sie bemerkt, dass sie Lachen und Staunen
und Anerkennung auslösen
Ein Wort allein lässt Tanten seufzen
Der angesammelte Schatz macht sie reich

Deutschland

Alif lehnte es ab, Arabisch zu sprechen. Alif lehnte es ab zu essen. Alif lehnte es ab, aus dem Zimmer zu kommen. Das waren Schutzmaßnahmen, nicht einverleibt zu werden wie Kusine Faiza, die ein Schatten aus arabischen Buchstaben geworden war. *Deutschland* hieß ihr Zauberwort. Ich will nach Deutschland, sagte sie der Wand und schrieb Deutschland drauf. Almonia. Damit alle es verstehen. Ihr Zimmer wurde ein Deutsch-Land und der Arabisch brachte Nachricht von der Mutter und dem Freund Robert mit den schiefen Zähnen. In Deutschland ging

Alif zur Schule, hatte Englisch und Volkstanz. Das waren Minuten der Rettung.

Manchmal verließ sie das Zimmer doch. Tappte über die Stufen in die Etage der Großmutter und aller anderen. Das waren 2 von 4 Tanten, 1 Opa und 4 von 7 Onkeln. Verteilt auf 3 Zimmer. Tagsüber war es leise. Nur die Großmutter und die Tanten waren zu Hause und lasen Bohnen. Sie tappte an ihnen vorbei, alle Essensangebote ausschlagend. Wer will schon Oliven, Knoblauchjoghurt und Fladenbrot zum Frühstück? Sie wollte nur deutsches Frühstück essen. Weitere Stufen hinauf war das Dach. Über ihr war eine Decke aus blaudurchlöcherten Wolken. Unter ihr? Sie suchte den Müll, weil ihre Mutter sagte, dass die Libanesen den Müll aus dem Fenster schmeißen. Aber da waren nur Katzen. Die taperten über die Straße und nahmen Alifs Gedanken an die Mutter mit. Hinter dem blauen Streifen war Deutschland. So musste es sein. Alif erhob ihre Stimme.

Niemand kann mir was, ruft sie

Niemand nimmt mir mich weg!

Aus allen Wolken fielen Kronen. Eine landet auf Alifs Kopf. Und ein Kleid kommt gleich mit. Ich bin die Herrscherin der Dächer, lacht sie und springt auf das Nachbardach, von dort immer weiter bis ans Ende der Welt. Dort lebt ein Dschinn. Ein guter. Mit schwarzem Fell.

Es ist der Ara-Bisch, wer sonst?

Essen

Essen ist Nichtessen. Ich esse kein arabisches Essen. Alif dachte an Kusine Faiza, die arabisch geworden ist. Gemacht worden ist, dachte Alif und verweigerte die Lieblingspeisen: Nudeln mit Joghurt, Bohnen mit Reis, Hühnchen in Zitrone und Tomaten. Fladenbrot.

Sie dachte an etwas, das sie im Fernsehen gesehen hat. Bevor sie entführt wurde. Es waren Menschen, die nichts mehr gegessen haben. Weil sie aus dem Gefängnis rauswollten. Hungerstreik. Ja, das würde sie nun auch tun. Sie aß gar nichts mehr und deklarierte: Ich esse nichts, bis ich wieder nach Deutschland komme. Almonia!

Nachts lag sie mit Hunger da. Sie hörte Onkelstimmen durch die Decke dringen. Onkelschritte im obersten Stockwerk. Draußen Schüsse. Aber lauter war der Krieg in ihr drin. Die Zeit gab Schüsse ab. Oder träumte sie? Da ging die Tür. Mama kam rein und die Sonne geht auf. Die Sonne hieß Spiegelei und lag auf einem Alifbeet aus hellgrüner Spinatsoße. Alifs Lieblingsessen. Mama hatte ein mildes Lächeln. Alif roch den Spinat und die Butter auf dem Ei. Sie stellte es sich so lange vor, bis sie satt war und einschlief.

Tante Ayla bringt ihr gebratene Kartoffeln, heimlich. Dagegen ist nichts zu sagen. Kartoffeln sind deutsch und Alif schluckt sie hastig herunter. Klar, nicht mal Kartoffeln schmecken hier wie zu Hause, aber Alif isst und isst. Tante Ayla streicht ihr über den Kopf und schenkt ihr Muscheln. Sie ist die jüngste Tante, die Alif hat.

Und ein Engel.
Schwester Melek ist kein Engel mehr.
Auch wenn sie so heißt.
Aber Ayla und die Großmutter.

Immer steht ein Engel bereit, das lehrt sie diese Zeit.

Freibad

Feige war kein Obst. Feige war eine Eigenschaft. Der Kalif war feige. Er hat sie belogen. Sie hat sofort gewusst, dass mit der Ferienfahrt zu seinem Freund in Österreich etwas nicht stimmte. Sie kannte die Strecke doch aus den Jahren zuvor. Jedes Jahr waren sie in den Sommerferien im Libanon gewesen. Mit Mama. Sie merkte doch, dass der Kalif immer weiter weiterfuhr. Durch Jugoslawien, durch Bulgarien. Türkei. Syrien.

Und nun ließ er sie in seiner Heimat verdorren.

Immer wieder ging sie auf das Flachdach. Nur dort war sie frei und in der Nacht, wenn Mama mit dem Spinatteller kam. Onkel Hamid sagte immer *Abu Amin* zum Kalifen. Warum? Der Vater wird nach dem ältesten Sohn benannt. Alif verstand nicht. Sie war doch die Älteste und einen Sohn gab es gar nicht. Dann müsste er doch Abu Alif heißen? Sie ärgerte den Onkel. *Abu Alif*, sagte sie. Kalif Abu Alif. Das Wort, ihr Name hatte Macht. Ihr jüngster Onkel bezahlte »Noss«, einen halben Liro, eine schwere Münze, damit sie nicht mehr »Abu Alif« sagte. Bald bekommst du einen Bruder, flüsterte er. Ob der Kalif das behauptet hatte?

Alif, das Mädchen des Kalifen, hasste Feigen. Sie waren so glitschig innen. Glitschig und eklig wie Kotze. Auf dem Flachdach fühlte sie einen Sprung.

Kurze Zeit nach der Rettung weiß Alif, dass nie wieder etwas so schlimm sein kann wie die Haft im kalkigen Zimmer in den Laken mit dem kleinen Fenster, das den Blick über den Olivenhain führte und zu dem blauen Pinselstrich dahinter. Der Hunger.

Sie sitzt im Bikini auf dem Rasen des Freibads. Sie spürt den Wind auf der Haut, die blank ist wie der Himmel, aber so schnell dunkel wird, wie die des Vaters, an den sie nicht mehr denken möchte. Sie steht auf und geht mit nackten Füßen über die Wiese zum Sprungbecken. Das Wasser ist kälter als das im Schwimmerbecken und blauer. Viel blauer. Blank, wie ein Auge. Es gibt einen Sprungturm. Jeden Tag steigt sie auf. Erst drei Meter, dann fünf Meter, dann siebeneinhalb Meter. Heute schaut sie zum Zehnmeterbrett hoch. Noch ist es leer. Sie sieht sich fliegen. Die Superachtkamera des neuen Freunds der Mutter summt hinter ihr. Auf dem Zehnmeterbrett ist eine Absperrung zu sehen.

Wenn der Bademeister kommt,
sagt Alif in die summende Kamera,
werde ich
springen.

Glitzer

Alif wusste, dass sie nicht frei ist, wenn sie den anderen Kindern auf die Straße folgte und mit ihnen spielte. Sie wusste, dass die Freiheit nur behauptet wurde. Ihre kleine

Schwester verschwand Tag für Tag mit den anderen nach draußen. In die Felder, zum alten Brunnen, in die Straße, wo mit Steinen gespielt wird, und in den Hühnerstall von irgendeiner Großkusine des Vaters. Ihre Schwester wurde gefangen genommen und langsam in eine neue Heimat eingewebt. Ein zusätzlicher Faden im Teppich des Dorfs, der Familie. Alif blieb im Zimmer. Niemals würde sie ein Faden werden, niemals wollte sie dazugehören. Sie war und blieb der Faden zu ihrer eigenen Schrift. Sie warnte ihre Schwester, sich nicht zu verschenken, und schloss sich ein.

Nur nach einem Sprung aus großer Höhe sieht man den Glitzer. Das weiß Alif. Sie liebt den Glitzerkopf, der sie wird, wenn sie nach hohem Sprung und tiefem Sinken wieder aus dem Wasser auftaucht. Sie liebt es, das Weltall zu sein. Auch die Großmutter ist das Weltall. Mittags, nach dem Ruf des Muezzins kommt sie runter in die Gästeetage, Alifs Gefängnis. Sie ist barfuß und leise. Aber Alif hört sie und macht die Tür auf. Sie sieht, wie die Großmutter eine Truhe öffnet und ein Schneeflockenkleid herausholt. Sie zieht es über. Dann rollt sie einen bunten Teppich aus und spricht mit ihm. Der Teppich sagt etwas, aber es ist zu leise. Alif kann es nicht hören. Da sind Geheimnisse im Raum, glückliche, das spürt Alif und sie beobachtet die Großmutter weiter. Sie hat eine Teppichgeheimsprache, in der sie nur das Wort Gott versteht. Das Wort ist stark und anziehend und macht, dass die Großmutter lächelt. Und Alif lächelt auch. Doch das darf niemand sehen. Nur die Großmutter, ein bisschen. Dann steht sie auf, räumt Teppich und Schneeflockenkleid in die Truhe und schaut nach Alif, die sich wünscht, von der Großmutter in die Kiste

*geräumt zu werden. Zum Schneeflockenkleid. Nur kurz. Wie schön
wäre das, gefaltet zu werden. Bestrichen mit Großmutters Händen
und mit Sorgfalt in die Truhe zu Schneeflocken und Teppichgeheimnis
und Gott gelegt zu werden.*

> *Die Großmutter lächelt und aus Versehen
> lächelt Alif zurück.*

Hohlraum

Alif erkundete das Haus manchmal ohne aufzustehen. Sie
lebte in der Gästewohnung. Goldener Käfig. Sie war die
Prinzessin, die im goldenen Kamel des Märchens mit Dia-
manten, Smaragden und Goldbechern eingesperrt war und
außer Landes gebracht werden musste.

In der Gästewohnung war sie allein, dort erlaubte sie
sich, umherzulaufen. Im Flur standen sich königliche Stühle
gegenüber, bezogen mit Seide und Brokat. Wenn viel Besuch
kam, wurde er hierhin geführt und es gab Mokka und weiße
Mandeln, genau wie bei der allerersten Ankunft von Alif,
einige Jahre zuvor. Vom Flur ging rechts ein kleiner Raum
ab, in dem ebenfalls die festlichen Stühle standen. Und
Tische aus Gold und Glas. Dort spielte Alif »Die Tochter
des Kalifs bekommt Besuch«. Und Geschenke. Geldschei-
ne und schimmernde Puppentassen und Münzen. Rechts
ging ein weiterer Raum ab. Großmutters Geheimniszim-
mer mit der Truhe. Gegenüber waren zwei Schlafräume für
Gäste. Einer hieß Gefängnis und sperrte ein Mädchen ein.
Das andere war leer. Gerade kamen keine Gäste. Am Ende
des Flurs, da wo die Tür war, stand ein Tisch, an dem eine
traurige Tante manchmal Karten schrieb. Daneben war die

Küche. Dort stand immer wieder Mama und schimpfte auf die Zustände. Keine richtigen Töpfe. Alles klebte so. Und das Klo erst. Aber es war wenigstens sauber.

Unter der Gästewohnung wohnt Aishe, sie war eine Kusine oder nur eine entfernte Kusine von Alif, sie wusste es nicht genau. Aishe lächelte den ganzen Tag und hatte ein heimliches Huhn in der Wohnung. Madschnun, sagte Ayla, und das hieß verrückt. Deswegen war die Tür zu Aishe immer zu und sie kam niemals in die Wohnungen über ihr. Die Wohnung über Alif war die Wohnwohnung von allen, außer von Alif und Melek. Dort gab es zwei Schlafzimmer, einen großen Lebensraum, wo auf dem Boden gegessen, gespielt, Essen vorbereitet, Tee getrunken und geschlafen wurde; die Großmutter zumindest schlief auf dem Boden. In der Ecke war aber noch was. Eine Bank. Da lag die Urgroßmutter, ein Bündel aus weißem Tuch, Falten und milchigen Augen. Sie war blind und machte im Klo immer daneben. Auch deswegen ging Alif nie auf das Klo oben.

In der Ecke links der weinbewachsene Aufgang zum Flachdach. Das zweite Reich der Kaliftochter. Der Hohlraum über der Küchentür birgt eine Überraschung. Sieben Katzenjunge. Plötzlich wird die leere Wohnung Ort des Kinderjubels. Alifs Schwester Melek ist da, Kusine Faiza und ein paar Kinder, die Alif nicht kennt. Die Katzen sind klein wie Birnen, haben aber riesige Nasen und Ohren. Sie schlecken Alif die Hand ab, und das ist fast wie Spinat und Ei. Zuhause.

H' (ح) H'ijab

Ayla und Amira machen sich einen H'ijab, wenn sie aus der Woh-
nung gehen. Dazu haben sie einen Schatz an Kopftüchern in allen
Farben und mit sonnigen Mustern. Kein Haar darf zu sehen sein.
Alif möchte auch. Sie mag Ayla und Amira, ihre jüngsten Tanten,
obwohl sie niemanden hier hatte mögen wollen. Ayla zeigt ihr, wie
der H'ijab eingeschlagen werden muss, damit kein Haar rausguckt.
Schnell hat sie es raus. Und gehört nun zu ihren jungen Tanten.
Ab jetzt wandelt sie nur noch mit H'ijab durch den Gästeflur und
schaut nach ihren Untertanen, die auf den Stühlen hocken und
warten, dass die Tochter des Kalifen ihre Befehle erteilt.

H̱ (ح) Hata

Hata heißt falsch. Und so heißt Alifs Leben. Drei Monate lang.
Sie sitzt auf dem Laken und wartet. Der Raum ist stumm. Gäs-
teräume sind leer. Gedanken kommen. Ich werde vergessen, denkt
sie. Und das ist falsch. Falsch wird nicht richtig. Und sie wird nicht
vergessen. (Weil aus H̱*ata nicht sah' wird). Falsch wird einfach*
nicht richtig. Nicht in ihrem Kopf und nicht in ihrem Herzen.
Diese Erkenntnis rettet ihr Leben.

Istanbul

In Istanbul gab es noch keine Brücke zwischen Asien und
Europa. Nur die Fähre. An der Wassergrenze hielten sie
nach drei Tagen falscher Fahrt an. Das Auto blieb stehen
und Alif und Melek stiegen aus. Sie zogen ein paar Tage in
die Wohnung eines Freundes. Ob sie wieder umkehren? Als
ob das nicht mehr möglich wäre, wenn sie erst einmal auf
die asiatische Seite übergesetzt hätten. Bang schaute Alif zu

Melek und Melek zu Alif. Und Papa sagt *Yok*. Das ist türkisch und heißt nein, behauptete er. (Dabei heißt es: Gibt es nicht, haben wir nicht, wie sie später, viel später, wieder einmal in Istanbul, lernt.) Von der Wohnung aus schaute Alif zum einheimischen Markt. Hühner, Raben, Drosseln, Eier, Töpfe, Teelöffel. Später gingen sie genau dorthin. Der Kalif kaufte Alif eine Drossel in einer Hutschachtel mit Drahtsieb im Deckel. Vorsichtig hielt Alif die Hand in die Schachtel. Sie hielt das Vogelherz in der Hand. Es ist mein eigenes, dachte sie. Der Kalif sprach türkisch, das wusste Alif nicht. Auf die wiederholte Frage, wann sie nach Hause führen, bollerte der Kalif, das geht dich nichts an!

In Istanbul gibt es so viele Sprachen wie Katzen.

Und zwei Kontinente.

Zwei Länder weiter ist der Libanon.

Auf dem Bosporus schwimmen ihr Träume entgegen.

Joghurt

Jasmin war der Duft eines ganzen Landes. (Neben Schwefel.) Er drang durchs offene Fenster zwischen Laken und Alif. Alif konnte sich einfach nicht entscheiden, ob sie ihn mochte oder nicht. Vielleicht, weil Melek manchmal so genannt wurde? Melek, weil sie so hell war. Das heißt Engel. Alif nannte sie Verräterin. Alif versuchte die kleine Schwester zu zwingen, sich nicht mit den Feinden zu verbünden. Feinde sind alle, die zuließen, dass sie hier festgehalten werden. Aber Melek flüchtete hinaus auf die Straße und entzog sich den Befehlen der Kalifentochter. Den ganzen Tag. Denn Melek war des Kalifen Lieblingstochter und deshalb war der Libanon kein Feind für sie. Und deshalb hatte auch sie was zu sagen. Des Kalifen Welt war Meleks Welt. Alif beobachtete vom Fenster aus, wie Melek lachend mit den jüngsten Onkeln und den fünf Großkusinen vom Ende der Straße Fangen spielte. Melek ist die helle Tochter des Kalifen. Deshalb liebten sie alle und streichelten sie und beschenkten sie. Mittags kam Melek manchmal zu ihr und brachte ihr Essen. Gebratenes Ei oder gebratene Kartoffeln. In Olivenöl. Alif ließ alles stehen. Melek aß oben. Bei den anderen. Wenn es dunkel wurde, schlüpfte der Engel, der kein Engel war, ins Bett neben Alifs Bett.

Joghurt heißt Zabadi und steht immer auf dem Tisch. Zu Hause in Deutschland hat der Joghurt Früchte und keinen Knoblauch. Aber zu Hause hat der Kalif Nudeln mit Joghurt gekocht. Ein Stück Butter und die kalte Joghurtsoße auf die Spaghetti. Alif liebt diese Nudeln. Makruna biz zabadi.

Als der Vater endlich wiederkommt, ist Alif ein Buchstabe geworden. Ein Strich. Und ein Gespenst, aber das ist eine andere Geschichte.

Der Kalif macht Nudeln mit Joghurt.

Und da mag sie sie wieder.

Kühnheit

Alif streifte durch ihr Reich, die Gästewohnung, wenn Feinde abgezogen waren und sie nicht mehr länger in ihrem Zimmer bleiben wollte. In der Kommode neben dem Eingang fand sie Postkarten mit Flugzeugen drauf,

Malev, kaputtes Geschirr, Papierservietten, Spielzeug. In einer Kiste unter dem letzten Gästestuhl lagen die einzigen deutsche Buchstaben. In dicken Bündeln seltsamer Romane. *Gift in Blond*, stand auf einem. Auf dem Umschlag war ein toter Mann mit einem langen blonden Haar unterm Fingernagel abgebildet. Jeder einzelne Buchstabe machte Alif Angst, aber sie konnte nicht aufhören. Sie hoffte so sehr, dass alles gut ausginge. Die Rache der Medusa versteinerte ihre Opfer und dann zerfielen sie zu Staub. Medusa klebte ihre Augen an die Opfer. In der Nacht kam die Medusa aus den Heften zu Alif. Sie wurde kalt.

Aber dann kam Wärme. Es war die Großmutter an ihrem Bett. Melek hatte sie geholt, weil Alif im Traum geschrien hatte.

Am nächsten Tag war sie wieder gesund und sagte »Kiss-al-la« im Wohnwohnzimmer. Und Omaschlafraum. Tanten und Oma lasen grüne Bohnen. Der Morgen war hell, der Tag aber nicht. Alif wusste nicht, was »Kiss-al-la« bedeutet, aber dass Kiss ein Fluch war, irgendetwas ganz und gar Ungehöriges, das wusste sie. Diesen Fluch mit dem Größten zu verbinden, nämlich Allah, war ihr gerade gut genug, um Waffe zu werden. Sie sprach es aus und ein fünfstimmiges Iiiii erklang im Raum. Ein Vokalakkord des Entsetzens und der Empörung. Die jüngste Tante stand auf und bedeutete ihr, sich zu entschuldigen. Mit einer Geste. Dreimal auf den Handrücken küssen und diesen dreimal zur Stirn führen. Es klappte.

Dann warf Kusine Faiza eins der Katzenbabys aus dem Fenster. Aus Spaß. Alif knallte ihr eine. Der Onkelrat tagt. Durfte sie das? Nur weil sie die Tochter des Kalifen war? Alif sah dem Kusinenvater an, dass er sie ebenfalls gern geschlagen hätte. Aber das war nicht möglich. Die Macht lag beim Kalifen. Er ist der älteste Sohn. Und der hatte gesagt: Meine Töchter werden nicht geschlagen. Melek wusste nicht, was richtig war. Am nächsten Tag spielte sie mit den Katzen, die noch da waren, und mit Faiza. Die sie auf ihre Seite zog. Faser für Faser.

Später würde Melek behaupten: Ich habe dir doch immer geholfen.

In der Stunde der Ohrfeige wächst die Klarheit. Erst nur groß wie eine Aprikose, nimmt sie allmählich die Gestalt einer stacheligen Frucht an. Mit dieser Klarheit für das, was richtig ist, schlägt Alif erst die Kusine auf die Wange und dann zeigt sie dem Onkel die Stirn. Klarheit wird Kühnheit, jene, die sie nach ihrer Rettung die Treppen auf den Sprungturm steigen und triumphieren lässt.

Libanonzeit

Der Libanon war nicht lieb. Der Libanon sperrte Alif ein. Der Libanon war ein Land, in das Kinder gebracht und gehirngewaschen wurden. Alif sah Faiza, die einst Kusine Faiza war. Sie sah Melek, die einst ihre Schwester war. Und Alif kämpfte dafür, ein deutsches Mädchen zu bleiben.

Alif wusste nicht mehr, wie lange sie hier war. Die Libanonzeit schien kein Ende zu nehmen.

Die Libanonzeit ist zu Ende. Libanon heißt nun eine andere Kiste mit Geschichten. Da schaut ein Urgroßvater aus dem Olivenbaum heraus, mit zahnlos freundlichem Lachen.

Da wohnt der Glanz der Oliven.

Mut

Die Mutter hatte gesagt: Was soll ich denn machen?, als die Patentante zwei Tage vor der verhängnisvollen Abreise ihre Schwester fragte: Willst du dem Kalifen die Kinder mitgeben? Und wenn er sie nicht zurückbringt? Was soll ich denn machen?, sagte die Mutter, an der Bushaltestelle stehend. Alif stand dabei und wusste noch nicht, dass WASSOLLICHDENNMACHEN zuließ, dass sie drei Monate in Gefangenschaft sein würde.

Das ist die Schuld der Mutter. Als die Kinder zurückkommen: Alif und Melek, abgemagerte blattlose Pflanzenstiele voller verschlossener Tränen, lag die Mutter auf dem Sofa der Eltern, schwach, blass, blind für die Not der Kinder. Unterstützt wurde sie in allen Punkten von der Großmutter. *Seht euch eure Mutter an,* rief diese. Das hat *euer Vater* gemacht. So schwiegen die Kinder und machten es der Mutter recht. Denn das, was die Mutter durchgemacht hatte, war schlimmer gewesen. Und war Alif nicht sogar schuld daran? Wenn sie nicht existieren würde, wäre das nicht passiert.

Eines Tages kam ein Paket aus Deutschland. Alif verließ ihr Zimmer und lief die Stufen zum Wohnwohnzimmer. Es war von der Mutter. Im Paket waren Lebensmittel:

Ravioli. Brot. Dosen mit Leberwurst. Deutsches Essen, dachte Alif. Die Mutter hatte sie gar nicht vergessen und schickte deutsches Essen. Sie wusste ja nicht, dass die Anrufe der Mutter nicht an sie weitergeleitet wurden. Ravioli hieß die Fürsorge der Mutter. Von Kontinent zu Kontinent.

Alle anderen Fragen wurden im Warten ertränkt.

Der Blick zum Meer ist der Ausgleich zu allem Terror. In dem blauen schmalen Band, das sie vom Fenster sehen konnte, liegt eine Möglichkeit wie ein Versprechen. Und diese hält Alif am Leben. Manchmal schwimmt ihr Meerschweinchen aus Deutschland zu ihr. Es ist schwarzweiß und scheint perfekt zu Alif zu passen. Sie sind ein Herz. Das Meerschweinchen und Alif. Das Herz in der Hand spürt Alif immer Verwandtschaft. (Alif weiß ja zum Glück nicht, dass die Mutter die Wohnung verlassen hat und zu ihren Eltern gezogen ist. Das Meerschweinchen vergaß sie, aber dann fiel es ihr ein. In einer Schreckenssekunde gewahrte sie die Notwendigkeit einer Rettung. Alifs Haustier. Später wird die Mutter sich mit dieser Heldentat brüsten.)

Die Möglichkeit des Meeres bringt Mut. Alif klettert aus dem Fenster und läuft durch den Hain, der undurchdringlich scheint, zum Meer. Noch kommt sie nicht an und erwacht jedes Mal auf dem Laken, das nie gewechselt wird. Aber eines Tages erreicht sie der Mut des Meeres. Sie trinkt Mut zum Frühstück und zieht sich Mut wie ein Kleid über.

So erwacht die Idee des ohrenbetäubenden Widerstands.

Nein.

Alifs Gesicht lag im Staub, und der klebte sich in ihr Gesicht. Mit Tränenkleber. Nie. Hatte der Vater gesagt. Hier im Laden des Onkels an der Hauptstraße des Vororts von Tripoli trank der Kalif seinen ersten Libanontee zwischen großen Säcken aus Reis und Bohnen und Linsen. Sie waren gerade angekommen nach langer falscher Reise. Die falsche Reise heißt Entführung. Der Kalif begrüßte seine Familie. Hier im Laden seines Bruders, der eine Endstation war, eine Sackgasse und das Tor zu einem Gefängnis, das Alif noch nicht kannte, zeigte der Kalif die Grausamkeit eines Herrschers. Die Umbarmherzigkeit und das Gift seiner Zahnzwischenräume, das sich auf Zunge und Herz legen konnte.

Nach dem Verlassen Istanbuls war es klar gewesen. Der Kalif brachte Alif und Melek in seine Heimat. Zwei Tage Fahrt mehr und nun lag sie hier im Laden. Und die Wahrheit konnte nicht mehr gewechselt werden wie ein Fernsehsender. Sie krachte wie ein mordendes Metall auf sie. Ihr seht eure Mutter nie wieder, sagte der Kalif.

Beide Mädchen weinten und hatten Staubgesichter. Melek klammerte sich an Alif. Sie merkte nicht, dass da nichts zum Festhalten war. Nur ein paar Worte. Ich will nach Hause, sagte Alif. Nein und Nie. Waren die Antwörter.

In der Ecke, da wo Alif weint, taucht ein Vogel auf. Mit bunten Federn. Es ist der Ara-Bisch. Er ist hoch wie der Reissack und hat einen gütigen weichen Bauch. Das hier ist deine Welt, die niemand zerstören kann, sagt er. Im Schnabel hatte er ein Wort.

Nein.

Hier wird sie nicht bleiben.

Oma

Alif hatte sieben Onkel. Vier wohnten noch im Haus. Einer schien aus Federn zu bestehen. Er war leise, schleichend und unbekannt. Alif wusste nicht, was er machte, aber er ließ sie in Ruh, und das war sympathisch. Sie nannte ihn Ruh. Das hieß Seele. Ein anderer war nach Saudi-Arabien ausgewandert, der Arbeit wegen. Als er zu Besuch kam, nahm er Alif und Melek mit ins Kino. Sie nannte ihn Cinema. Onkel Cinema war nett, kaufte Schokolade und sagte rätselhaft im Auto: You dont believe me! Einer war der Vater von Faiza und durfte Alif nicht schlagen. Sie nannte ihn Onkel Dummkopf. Einer war Ladenhüter. Er schenkte Alif Kaugummi. Sie nannte ihn Chicklets. Onkel Chicklets war nur nachts zu Hause. Aber dann musste die jüngste Tante aufstehen und Essen machen. Alif hat Onkel Chicklets mal mit dem Messer auf die Tante zulaufen sehen. »Ich hab Hunger, los in die Küche.« Ein weiterer Onkel lebte in Syrien, von wo er eine Frau mitbrachte, die Semia hieß. Onkel Semias Augen waren kalt wie Limonade bei Onkel Chicklets und sein Portemonnaie sehr dick. Aber er gab Alif nie etwas. Einer hieß Onkel Anorak. Er lieh sich von Alif den Anorak. Stehlen = leihen, denkt Alif. Der jüngste Onkel war nur ein Jahr älter als sie und das Opfer aller anderen Brüder. Alif nannte ihn Onkel Münze. Onkel Münze wurde von seinen Brüdern gerufen. Sie wusste nicht, was er wieder verbrochen hat, aber sie sah, wie sie gemeinsam, einer für alle und alle gegen einen, den schreienden Münze packten, an der Decke mit den Füßen aufhängten und ihn dann mit dem Gürtel schlugen. Melek weinte entsetzt. Tat denn niemand etwas?

Alif widersteht. Omas Stimme weckt Alif. Hol das Kind zurück, es geht kaputt, sagt sie am Telefon. Am nächsten Abend ist der Vater da.

Oma ist kein Feind.

Power

Der Kalif wurde kurzzeitig Alifs Papa, als er seine Tochter nach drei Monaten wiedersah, zwischen Laken und voll mit Tabletten. (Alif war in Lebensgefahr!) Das erste Mal war er ein Papa, als Alif noch ein Baby war. Sie lief blau an, in einer Nacht in ihrem Geburtsort in Deutschland, und atmete nicht mehr. Der Kalifpapa schnappte in Hausschuhen nach Luft und Leben, dann nach dem Baby, und lief im Schlafanzug die ganze Straße hinunter zu den deutschen Großeltern, die ein Telefon hatten. Dann kam der Notarzt. So wurde Alif gerettet.

Danach war der Kalif immer nur Kalif gewesen. Außer für Melek. Melek hatte einen Papa. Alif nicht. Nur diese beiden Male in ihrem Leben. Diese Papahut füllte sie in zwei winzige Beutelchen. Für jede Herzkammer eine. Melek brauchte das nicht. Sie schwebte immer in der Papahut. Sie war des Kalifen Prinzessin, Alif sein Aschenputtel. So war die Aufteilung. Aschenputtel brauchte Einser, um am Leben zu bleiben, Melek brauchte nur Melek.

Als Alif ein halbes Jahr später vom Sprungturm ins Schwimm-becken springt, lässt eine neue Kraft den Kalif aus ihrem Leben verschwinden.

quer

Nichtanpassung ist Lebensrettung. Nichtanpassung ist Potenzial.
Fast wäre sie gestorben, weil man ihren Willen brechen wollte. Alifs Wille war, sich quer zu stellen. Sie stellte sich gegen die Vereinahmung. Das Mädchen muss An-passung lernen, fand Onkel Dummkopf. Alif war da-gegen. GEGEN ist ihre GEGEND. Gegen Arabisch. Gegen arabische Familie und gegen ein ganzes Land. Alif wollte Alif bleiben. Noch quängelte sie jeden Tag. Wann kommt der Kalif? Wann fahre ich wieder nach Hause? Ich esse nur deutsches Essen. Ich komme nicht raus. Quängeln gegen die Qual der Isolation. Die ein Haus war, in dem sie sich selbst eingeschlossen hatte. Ein Wort auf der Zunge und sie machen aus dir Fatme-fatume Nummer 2.

Melek war schon auf dem Weg, sich wohl zu fühlen. Sie hatte ja des Kalifen Thron.

Später wird Alif eine Gegnerin von Ungerechtigkeit. Die Gegend hat ein Feuer in ihr gezündet. Eine Flamme, die nie erlischt. Auch die speist Querstellen. Alif schaut der Angst dabei ins Gesicht.

Aber das ist das Wesen der Angst.
Sie bleibt, egal wie groß der Mut ist.

Robert

Alif hat ein Hilfsmittel und das heißt Vorstellungskraft. Die Vorstellungskraft ist ein Vehikel. Sie reist damit. Heute reist sie zu Robert. Denn ihm gehört ihr Herz. Sie geht mit ihm in die Schule. Einmal ist der Kalif ausgeflippt, weil Robert Alif nach Haus gebracht hat. Normalerweise bekommt der Kalif nichts mit, denn er macht Fahrten mit dem Mercedes durch sein Reich und regiert. Manchmal ist er zu Hause und regiert auf das Grausamste. Der Kalif verbietet ihr, mit Robert zum Bus zu gehen und mit Robert in die Schule zu gehen. Aber er ist nicht da, um seine Urteile zu vollstrecken. Jetzt sitzt Alif auf dem Laken und reist auf dem Vehikel, ein goldenes Kamel, das innen hohl ist, zu Robert. Im Bus sitzt sie neben Robert und sie spürt seine Hand wie ihr Meerschweinchen in ihrer.

Springen

Nach einhundert Tagen Gefangenschaft erreichte der Schrei Alifs Kehle. Sie konnte ihn nicht mehr aufhalten. Der Schrei machte sich selbstständig. In einhundert Tagen gewachsen, reichte er nun für Ewigkeiten. Wenn jemand näherkam, schrie sie. Die Großeltern schüttelten den Kopf. Großvater sagte HAKIM. Arzt. Alif hörte, wie ihr Schrei die Großmutter zur Besinnung rief. Sie erhob das Wort gegen den Kalifen und für Alif. Am Telefon. Der Schrei rettete Alif das Leben. Wie jedem gerade auf die Welt geworfenen Säugling.

Der Schrei hieß Angst und Entsetzen. Und »Ich will leben«. Das Entsetzen war eine Kröte, die gut verschlossen in Alifs Traumtruhe wohnte. Der Schrei hatte sie wachgerufen. Ungezähmt und unzuzähmend.

Das Wilde lacht den Gefahren ins Gesicht. Auch wenn da diese Angst steht. Als Alif nach ihrer Rettung auf das Zehnmeterbrett steigt, will sie ihre Welt zurück. An die Angst hat sie sich gewöhnt, aber was kann schlimmer sein, als wie ein Möbelstück in ein anderes Land gebracht zu werden? Nichts Schlimmeres kann passieren, denkt sie. Nach der versuchten Zähmung ist die Angst nur dazu da, ihr die Stirn zu bieten. Die versuchte Zähmung hat sie gelehrt, dass Angst immer an ihrer Seite ist. Und sie trotzdem springen wird.

Sie starrt lange auf das Blau unter ihr. Sie weiß, es ist kühler als das Schwimmbecken. Die Angst ist Blau. Die Freiheit ist ein blaues Viereck. Und dann springt sie. Die Schwerkraft zieht sie ganz weit herunter. Sie lässt es zu. Da ist die Sicherheit, dass sie wieder hochkommen wird. Mit kühlem Körper taucht sie wieder auf. Um sie der Glitzer des auf Wasser treffenden Sonnenstrahls. Jetzt ist ihr Leben gerettet.

Der kühne Glitzer wird zum Material für eine Lebensjacke.

Taube

Der Hakim saß hinter einem riesigen hölzernen Schreibtisch in einer Apotheke und verschrieb Alif Tabletten. Zwölf Stück sollte sie nehmen. Täglich. Damit kannte sie sich aus. Kranksein. Tabletten nehmen. Das war ihre Heimat. Okay. Also schluckte sie die Pillen, die sie zähmen sollen. Und Alif zog auf eine Wolke um. Eine Last wurde Alif genommen. Sie musste nur noch ab und zu in dieses weiße Zimmer, um die zwölf Tabletten zu nehmen. Immer wieder versuchte Melek, sie von der Wolke herunterzuholen. Sie merkte, dass Alif in Lebensgefahr schwebte. Aber Alif verstand die Ängste der Schwester nicht. Die Wolken holten sie weg vom Entsetzen. Eine Giraffe kochte Wolkentee und dieser schmeckte nach Zuhause.

Als die Taube auf der Wolke erscheint, ist der Kalif da. Er sieht die Tabletten, wird Papa und wirft sie alle auf einmal weg.
   Die Papastimme sagt:
   Wir fahren nach Hause.

Untertauchen

Untertauchen. Zu Alif werden. Hände an den Körper gepresst. Wie Alif, der Strich, der A heißt, sieht sie aus und fliegt durch die Luft. Kerzengerade wie Alif eintauchen.
   Untertauchen.
   Um aufzutauchen.
   Sie würde immer wieder auftauchen!

Vogel

Die traurigste Geschichte ist die des Vogels aus Istanbul. Er hockte, verstaut in der Hutschachtel mit Drahtnetz oben. Auf Alifs Schoß. Sie hatten gerade die Wassergrenze zu Asien passiert, als Alif bemerkte, wie der Vogel mit dem Kopf nach oben stieß, gegen den Draht. Er will raus, dachte sie, unfähig ihn frei zu lassen. Alif sah reglos zu, wie der Kopf des Vogels langsam feucht wurde. Als sie in Syrien ankamen, hatte der Vogel aufgegeben und hockte still und versehrt am Boden der Hutschachtel. Später im staubigen Laden des Onkels vergaß Alif den Vogel, nicht eine Minute ihrer unendlichen Gefangenschaft hat sie an ihn gedacht.

Wieder in Sicherheit fragte sie sich, wie der Vogel so einfach hatte aus ihrem Leben verschwinden können.

Ein Vogel ists, der Alif an ihre Zukunft erinnert. Später flattert der verschwundene Vogel in eine Geschichte. Er nimmt Platz im Herzhaus des Fräulein Dill. In Istanbul. Im Buch. Und zwitschert eine neue Welt.
Verewigt.

Wagnisse

Wagnisse sind Lebenselexiere von nun an. Das Vehikel ihres Lebens steuert Alif dahin, wo es nötig ist, selbst wenn die Angst groß ist und das Vehikel erst einmal anhält. Doch das ist nur der Übergang vor dem Sprung.

X=Zeit

diese Zeit
X
weiß nicht wie lang sie wirklich war
wird sich nicht mehr wiederholen.

Ya Alif

rief Papa mit warmer Stimme.
und holte sie von der Wolke
runter in seine Arme

Zunge.

Alif zeigt die Zunge. Jedem, der ihr etwas Böses will. Die deutsche Tante sagt: Du warst damals total wütend. Zunge zeigen heißt sprechen. Sprache zeigen.

In Alifs Kopf sind Zimmer. Eins ist das schönste. Im schönsten Zimmer in ihrem Kopf wohnen der Ara-Bisch, das Meerschweinchen und Wörter wie Al beit. Zuhause. *Im schönsten Zimmer hat sie schöne Stunden verbracht und so ihr Leben gerettet. Sie weiß, dass es nicht der Kalif war, der für zwei Tage zum Papa wurde. Sie selbst hat sich gerettet. Das schönste Zimmer gibt es immer noch. Heute muss sie sich nicht retten, das schönste Zimmer nicht aus Not betreten, nein, nur zur Besichtigung der Schätze.*

Sich ihres Reichtums versichern.
Das ein und andere Stück der Welt schenken.

Teil 2

Wörter Wörter Himmelörter oder Erfundene Sprachen

»… hauptsächlich lassen sie die Sprache, wie sie ist. Mich reizt es, etwas in der Sprache zu tun und sie zu ändern. Dadurch ändere ich natürlich auch mich selbst.«

Tomer Gardi im Kleine-Pause-Podcast

»hanin/ means/ sehnsucht/ in arabic«

Fatma Saghir

Wörter und Himmelörter – Sprachen erfinden, poetische und fantastische Räume öffnen
Poetikvorlesung 1, Karlsruhe

»in meinen augen bewegst du dich zwischen erdachtem, noch nicht erfundenem und vorhandenem sprachmaterial spielend hin und her«.
Simone Scharbert

1. Biogra-Fisch und Puddingblumen – Falsche richtige Wörter

Die Sprache ist ein großes wunderbares Wandelgeschöpf. Der deutsche Buchpreisträger Saša Stanišić hat es so ausgedrückt: »Im Schnitt alle drei Sekunden wird ein neues Wort erfunden, dass die Gesamtheit aller Wörter beeinflusst«.[1] Das Zitat entstammt seinem wunderbaren Buch »Herkunft«, in dem er über diese *Herkunft* nachdenkt und dabei immer wieder sein Erzählen und seine Sprache in Zweifel zieht.

Das Wort Sprache allein bietet viele Möglichkeiten für poetische Übersetzungen. »Das schönste Zimmer in meinem Kopf« heißt eins meiner neueren Kinderbücher.

Dort finden sich gleich mehrere poetische Übersetzungen für das Wort Sprache.

Wörter Wörter Himmelörter.[2]

---

1 Saša Stanišić: Herkunft, München 2019.
2 Andrea Karimé: Das schönste Zimmer in meinem Kopf. Elif Verlag 2021.

Zusammengenommen ergibt dieser Vers das Wort *Sprache*. Aber schauen wir uns den Vers genauer an. Örter als Plural ist grammatisch falsch. Das Wort gibt es nicht, könnte man meinen. Aber es steht ja da, also gibt es das Wort. Der rumäniendeutsche Dichter und Übersetzer Oskar Pastior hat im Gespräch mit Herta Müller über einen gemeinsamen Text einmal gesagt: »Ich glaube bei uns stimmt kein Satz, aber es ist schön«.[3] Das trifft es ins Mark. Auch *Himmelörter* stimmt überhaupt nicht, ist aber schön. Wegen des Reims natürlich. Und der Ungezwungenheit der Ableitung. Örter entstammt also einer anderen Sprache. Einer neuen Sprache, in der andere Regeln gelten. Und ist deshalb wieder richtig. Worte Worte Himmelorte, das wäre nicht dasselbe gewesen. Die *Grammatikwelt* wär zufrieden, nicht aber die Poesie. Verstaubt hätte diese Zeile geklungen. Bereits dagewesen.

Die Lyrik weiß schon lange, dass erfundene falsche richtige Wörter die Macht haben, Welten und Sprachen entstehen zu lassen. Auch die Kinderliteratur profitiert von erfundenen neuen Wörtern. Sie werden meistens nur als Namen verwendet. Vielleicht, damit sie den normgerechten Spracherwerb der Kinder nicht stören. Denken wir z.B. an das Grüffelo. Das Kinderbuch »Wazn Teez« geht einen Schritt weiter. Insekten unterhalten sich das ganze Buch hindurch in einer *Jandlschen* Fantasiesprache, einem erfundenen Dialekt über eine Entdeckung, und auf diese Weise erzählt der Autor eine Sprach-Klang-Geschichte.

3 Oskar Pastior in: Herta Müller: Lebensangst und Worthunger, München 2013.

Achten Sie auf die Übersetzungsreflexe in ihrem Kopf und die Türen, die Ihnen beim Hören des Textes dort aufgehen!

»Wazn Teez?« »Mi nanüt?« »Wazn Teez?« »Mi mori an Plumpse!« »Wazn fümma Plumpse?«[4]

Doch solche Geschichten sind selten. Auf Grund des pädagogischen Anspruchs, den Kinderbücher allzu häufig noch haben, verdammt man falsche richtige Wörter wie *Himmelörter*. Der Dichter Oskar Pastior hat einmal gesagt: »Hölderlin ist eine schöne, dem Deutschen verwandte Sprache!«[5]

Damit haben wir einen Titel für diese neuen Sprachen. Die Fantasiesprache des Gedichts »Das schönste Zimmer in meinem Kopf« ist so eine Sprache deutschen Ursprungs und enthält viele falsche Wörter, die ich richtige falsche Wörter nennen möchte, in einer Sprache, die dem Deutschen verwandt ist. Und es enthält frische neue Wörter, die Sprache thematisieren.

nehmt euch wörter / nehmt euch mehr / wörter wörter / himmelörter / puddingblumen / bitte sehr

Puddingblumen ist gleichzeitig Sprachbild und Bild für erfundene neue Wörter. Wörter dieser Art können eine ganze Geschichte erzählen. *wörter wörter himmelörter* ist nichts anderes als eine Übersetzung des Verses von Rose Ausländer:

»Dein Wort ist eine Welt«.[6]

Und diese Welt ist nichts anderes als Geschichten.

4 Aus: Carson Ellis, »Wazn Teez«, Zürich 2017.
5 Oskar Pastior in: Herta Müller: Lebensangst und Worthunger, München 2013.
6 Rose Ausländer zitiert in http://www.literaturepochen.at/exil/multimedia/pdf/auslaenderroseblum.pdf

Ein falsches richtiges Wort kann Geschichten erzählen, genau wie ein grammatisch korrekter Neologismus.

Ein in mir wohnendes Tier hilft mir, diese Wörter sprechen zu lassen und mehrdeutige vielschichtige Geschichten zu erzählen. Es ist ein Wort-Geschöpf und findet Wortgeschöpfe.

Es ist ein Fisch. Mein Biogra-Fisch.

Mein Biogra-Fisch schreibt mir die Marschroute vor, in der die Wörter zu Geschichten werden.

Der Biogra-Fisch ist im Leben einer Kinderbuchautorin unverzichtbar. Er ist ein Geschichtenerzähler. Er schwimmt in den Wassern des Körpers und trägt alle Erinnerungen in seinen Schuppen. Er liebt es aber auch, sich mit erfundenen Federn zu schmücken. Der Biogra-Fisch mischt in fast allen Geschichten mit, die ich geschrieben habe. Er erfindet meine Geschichten in einer neuen Sprache, mit den Wörtern meiner Kindheit.

Er erfindet Geschichten über alles, was mit Sprache und Sprechen auf meiner Lebenslinie geschrieben steht. Der Biogra-Fisch holt diese Geschichten aus der Tiefe des Erinnerungsgewässers, angereichert mit Fantasie.

»Nicht einmal Paprikagemüse kommt ohne Erinnerungsfußnote in dieser Stadt«[7], schreibt Saša Stanišić in »Herkunft«.

Der Biogra-Fisch ist der Mehrsprachigkeit verpflichtet, auch wenn man nur eine Sprache kennt. Weil man Fantasie und Erinnerung nicht trennen kann.

---

7 Saša Stanišić: Herkunft, München 2019.

»Ich habe schon immer geglaubt, dass Erinnerung und Fantasie ineinander übergehen!«[8], sagt die amerikanische Schriftstellerin und Essayistin Siri Hustvedt in ihrem neuen Roman »Damals«, der meines Erachtens u.a. ebenfalls die poetische Bedeutung von Biogra-Fischen thematisiert.

Der Biogra-Fisch öffnet nun die Sprach- und Geschichtenschatztruhe aus Sprechen und Schreiben namens Erinnerung und Fantasie.

2 *Kalim Baba und die Wörterlampe* – Schon im Sprechenlernen stecken ganze Geschichten

Die Entstehung einer künstlerischen Sprache ist maßgeblich von diesem inneren Geschöpf namens Biogra-Fisch beeinflusst. Der Aufschnappreflex einer Binationalen ist dabei ebenso von Bedeutung wie die damit verbundenenen Hybridisierungsimpulse.

Wie kam es, dass die Wörter »meine Leibspeisen« wurden, wie ich in dem Kinderbuch »Der Wörterhimmel des Fräulein Dill« das gleichnamige türkisch-deutsche alte Fräulein zu einem Kind namens Dennis habe sagen lassen.

»Ach, Wörter sind meine Leibspeisen!« Denis lacht. Aber vorsichtig. »Man kann Wörter doch nicht essen?« »Ich weiß, aber was ist, wenn doch?«, fragt das Fräulein und das Taschentuchgesicht verwandelt sich in einen riesigen grinsenden Zahnmund.

---

8 Siri Hustvedt: Damals, Hamburg 2019.

Was waren die ersten Wörter, und wohin haben sie geführt? Im Kinderbuch »Kalim Baba und die Wörterlampe« finden wir Antworten.

Madamm Wellkamm, die Bewohnerin eines roten Wohnwagens, bekommt ein Baby.

Das Baby kam und roch nach Zeit und nach Zimt. Madamm Wellkamm hielt das würzige Bündel auf dem Arm. »Es ist ein Junge!«, sagte sie. Da geschah etwas Seltsames. Das Baby streckte ihr die Zunge heraus. Wie bei einer Eidechse schoss die sehr lange Zunge hervor und rollte sich dann ein. »Es ist ein Junge!«, sagte das Baby. Madamm Wellkamm erschrak und ihre Haarwellen zitterten. Aber dann lachte sie. »Na ja, warum soll ich nicht ein kluges Baby haben? Sprich du nur, mein Kleiner!« Das Baby sprach alles nach, was es hörte. Immer streckte es die Zunge vorher raus. Als ob die Wörter Fliegen wären. Und der Junge danach schnappen wollte. Und jedes Mal, wenn der etwas sagte, lachte Madamm Wellkamm. Da in den roten Wohnwagen die ganze Welt zu Besuch kam, lernte der Junge viele Wörter und sehr viele Sprachen. Man nannte ihn Kalim Baba.[9]

Ein Wunderkind also, ein Junge, der alle Sprachen der Welt lernen wird.

Es ist eine typische Geschichte des Biogra-Fischs. Ich schrieb diese Geschichte und erinnerte mich. Ich erinnerte mich und schrieb diese Geschichte. Der Biogra-Fisch transportierte die Erinnerungen wie in einem Wandeltaxi in mein Bewusstsein. Unterwegs zogen sie andere Kleider an. Erinnerungen kann man in poetischer Hinsicht glauben.

Siri Hustvedt hat sich mit dem Thema Erinnerung und Literatur in ihrem neuen Roman auseinandergesetzt,

---

9 Andrea Karimé: Kalim Baba und die Wörterlampe Wien 2015.

der auf Englisch Memoiren heißt.

»Den Autoren, die noch Jahrzehnte später eine perfekte Erinnerung an ihre Kartoffelpuffer zu besitzen behaupten, ist nicht zu trauen.«[10]

Auch Saša Stanišić verweist auf diese Verbindung in seinem Buch »Herkunft«.

»Großvater war eine Leerstelle in meiner Erinnerung, die durch fremde Anekdoten und eigene Erfindungen überbrückt worden war.«[11]

Leerstellen aus Fantasie und Poesie.

Kalim ist eine Ableitung von »Wort« und »sprechen« aus dem Arabischen. Und Baba bedeutet »Vater«, aber auch Meister. Also ein Meister des Worts im viel schöneren arabischen Gewand: *Kalim Baba*. Er spricht erste Worte aus. Erste Wörter. Worte wäre richtig. Aber mir geht es wie Herta Müller: »…, also man sagt ja Worte, aber mir gefällt Wörter besser …« [12]

Durch das Aussprechen der ersten Wörter verwandelt Kalim Baba seine Umgebung.

Im Titel steckt der Zauber der Wörter. In Kalim Baba klingt Ali Baba an, der den Sesam-Öffne-dich Wortschlüssel besitzt. Ein starkes Bild: Wörter öffnen Türen. Wörterlampe ist mit Wunderlampe verwandt.

Doch was habe ich damit zu tun? Ich bin natürlich beileibe kein Wunderkind, doch die Zauberkraft der Wörter realisierte ich ebenfalls als sehr kleines Kind, und sie hat mein Interesse für Sprache für alle Zeit geweckt.

---

10 Siri Hustvedt: Damals, Hamburg 2019.
11 Saša Stanišić: Herkunft, München 2019.
12 Herta Müller: Lebensangst und Worthunger, München 2013.

Der Biogra-Fisch hatte diese Erinnerung in den Schuppen und ins Surreale verwandelt durch die erfundenen Federn.

»Das Surreale sitzt doch immer in der Realität drin!«, sagt Herta Müller[13]. Wie schön! Das sprechende Schuppentier in mir wurde erkannt.

Genau wie Kalim Baba konnte ich früh sprechen, nicht direkt nach der Geburt, aber vielleicht früher als andere Kinder. Ich weiß nicht, ob es daran lag, dass meine Mutter sich häufig in einsame traurige Selbstgespräche verloren hatte, die sie seit ihrem neuen Dasein als Mutter und Ehefrau mit abwesendem Mann führte. Sie verschwand also vor meinen Augen, ohne weg zu sein. Ich spürte, dass sie irgendwo anders war. Und hörte sie sprechen. Ich ahmte dieses geheimnisvolle Hervorbringen von Lauten nach. Vermutlich eher aus Langeweile oder Verzweiflung. Wie ich vieles in meinem Leben aus Langeweile oder Verzweiflung angefangen habe. Doch die Wirkung war umwerfend. Der Laut, oder besser die Lautkombination, die von meiner Zunge sprang, was wird es gewesen sein, Baba, Mama oder Oma oder Auto?, zog die Aufmerksamkeit meiner Mutter aus dem Zelt ihres Selbstgesprächs heraus, mehr noch, die Traurigkeit meiner Mutter wurde für kurze Zeit zu Freude und Bewunderung. Sie lachte. Ich hatte sie wieder. Besser gesagt, ein Wort hatte sie aus diesem Zelt gezogen. Ein Sesam-öffne-dich-Wortschlüssel. Meine Mutter wandte sich mir wieder zu. Lachend. Genau wie die Mutter von Kalim

---

13 Herta Müller: Lebensangst und Worthunger, München 2013.

Baba. Überliefert ist das alles nur durch den Biogra-Fisch. Was aber amtlich ist: »Das Kind hat gesprochen wie der Deibel!« Damit war ich gemeint. Das Amt, das mit dieses bestätigt hat, heißt: Großmutter.

Aber da die Erinnerung und die Fantasie zusammenleben wie Deckel und Topf oder, anders gesagt, der Biogra-Fisch seine Schuppen im Spiel hat, die gern Erfundenes verstecken, ist diese Geschichte *aus stern und aus nah, aus gern und aus araba* [14] entstanden. Eine Geschichten aus vielen Wortgeschöpfen, wie Wolkenkratzerin, Mäusopotamien, Kalimlarium. Eine Geschichte vom Sprechen und von der Macht und vom Ursprung der Wörter.

Diese Erfahrung, durch das Sprechen Menschen für mich gewinnen zu können, habe ich als machtvoll erlebt, es begann eine lebenslange Freundschaft mit den deutschen Wörtern. Und nicht nur mit denen.

wörter halten mich warm / mit federn flügeln und buchstaben / wörter sind treue freunde / sind geigen und hunde und raben / wörter sind mein dach aus musik / mein flüsterndes zelt / wörter sind meine lokomotive / sie tragen mich durch die welt [15]

3 Schoppschopp oder Kopfgeschäft –
Der Akzent als Ort der Fantasie

Obwohl ich nur eine Sprache als Muttersprache gelernt habe, bin ich mehrsprachig aufgewachsen. Der Klang vieler

---

14 Andrea Karimé: Das schönste Zimmer in meinem Kopf.
15 ebd.

Sprachen gelangte in mein Ohr und nistete sich dort ein. Er beleuchtete Magie und Eigenleben der Wörter.

Zum einen habe ich schon früh fasziniert bemerkt, dass es verschiedene Versionen des Deutschen zu geben schien. Jeder schien seine eigenen Wörter zu haben. Meine nordhessische Großmutter beispielsweise aß gern *Knäppchen,* das Ende vom Brot, schälte mit *Aberämmchen,* die kleinen scharfen Küchenmesser, sprach vom *Dretschen,* wenn es regnete, und beim Niesen sagte sie ein wundervolles Wort: *Haprüpschen.* Meine Großmutter machte aus Wörtern Teekesselchen: Schopf klang wie Schopp, also Geschäft. Pappel klang wie Babbel. Es steckten immer zwei Wörter in einem. Ich entdeckte ein lustiges Spiel, das ich viel später bei der japanischdeutschen Dichterin und Philologin Yoko Tawada als Gegenstand poetischer Forschung beschrieben fand.

»Wenn ich zwei Wörter, die gleich klingen, aus dem Japanischen und aus dem Deutschen zusammensuche, sind sie meist historisch nicht verwandt. Eine Sorte Nudelsuppe heißt genau wie das deutsche Wort ›Rahmen‹. Ein Laden in dem man diese Nudeln kaufen kann, könnte Rahmenhandlung heißen. Die beiden Wörter haben historisch natürlich nichts miteinander zu tun. Deshalb wird ein solches Phänomen nicht ernst genommen und als Zufall abgetan. Nur Leute mit steifem Gehirn würden mich fragen: Wozu muss man sich mit so einer Wortspielerei beschäftigen?«[16]

Als Kind machte ich also aus Schopp, das ja Kopf und Geschäft bedeutete, ein *Kopfgeschäft.* Und aus der Babbel machte ich einen *Quatschbaum.*

---

16 Yoko Tawada: akzentfrei, Tübingen 2016.

Ich war also umgeben von dialektbegründeten merkwürdigen Wörtern und skurrilen Teekesselchen. Hinzu kam, dass mein Vater mit mir auf Deutsch sprach, was nicht seine Muttersprache ist. Er sprach es schon damals ausgezeichnet, was ein Grund dafür war, dass unsere Familiensprache Deutsch war. Er sprach es aber nicht akzentfrei. Und deshalb gab es wieder neue Teekesselchen. Eins davon kennt auch Yoko Tawada.

»Der Akzent bringt unerwartet zwei Wörter zusammen, die normalerweise nicht ähnlich klingen. In meinem Akzent hörte sich die Zelle und die Seele ähnlich an!«[17]

Mein libanesischer Vater sagte ebenfalls Babbel statt Pappel und Seele statt Zelle. Aber sein Deutsch wies noch eine Besonderheit auf, die mich vermutlich ebenfalls poetisch aufgescheucht hat. Die Bildsprache und Wärme der arabischen Sprache floss durch seine direkten Übersetzungen in sein Deutsch ein. Das Auffälligste waren Sprichwörter und fantastische lautstarke Übertreibungen. Sie bewegten sich in seiner Rede wie Algen im Roten Meer. Wenn ich gefragt habe: »Ist das alles wirklich wahr?«, antwortete er beispielsweise: »Die Wahrheit, was ist das wohl? Niemand weiß es ganz genau. Ich glaube, sie ist ein hoher Turm mit vielen bunten Zimmern. Darin hängt immer etwas anderes an den Wänden, denn es hausen dort die Wunder!«[18]. Oder: »Lieber ein Schluck Wasser in der Heimat als Honig in der Fremde!«

Das waren Töne, die sich eindeutig von allen anderen unterschieden, die ich tagtäglich hörte.

---

17 Yoko Tawada, ebd.
18 Auch zu lesen in meinem Kinderbuch: Tee mit Onkel Mustafa, Wien 2011.

Mein Biogra-Fisch arbeitet deshalb gern mit Akzenten und quatscht damit herum. Für manche Menschen ist Quatsch das Synonym für Kunst oder Poesie. Für Fräulein Dill ist das Quatschwort ein wunderbares Wortgeschöpf, das man gut behandeln muss. »Eine Chance für die Poesie« nennt dankenswerterweise Yoko Tawada Akzente und Dialekte.

»Es ist nicht meine Aufgabe, eine regionale Färbung, einen ausländischen Akzent, einen Soziolekt und einen Sprachfehler medizinischer Art voneinander zu unterscheiden. Stattdessen schlage ich vor, jede Abweichung als eine Chance für die Poesie wahrzunehmen!«[19]

Das kann ich nur unterstreichen und auf mein Konzept der erfundenen Sprachen anwenden. Und wenn man aufpasst, kann man die Schönheit eines Aktzents erwischen und sich von ihm inspirieren lassen, wie Yoko Tawada in ihrem Buch »akzentfrei«.

»Der Akzent ist das Gesicht der gesprochenen Sprache. Seine Augen glänzen wie der Baikalsee oder wie das Schwarze Meer oder wie ein anderes Gewässer, je nachdem, wer gerade spricht!«

Daran liegt es, dass ich die Sprachen meiner Kindheit, oder besser die Spielarten des Deutschen meiner Kindheit, so geheimnisvoll und rätselhaft und herrlich lustig fand.

Das Wort *Himmelörter* ist ein Beispiel für den Glanz eines Akzents oder Fehlers. Menschen, die Deutsch nicht als Muttersprache haben, hätten diesen falschen Plural

---

19 Yoko Tawada, ebd.

möglicherweise bilden können. Es hätte ein Fehler sein können oder ein Akzent. Wäre es deshalb unpoetischer gewesen?

Und hier noch eine kleine Szene aus meinem aktuellen Kinderbuchprojekt, die den Akzent als Chance für die Poesie genutzt hat.

Das Verrückteste an Marokko ist jedenfalls Tante Lama. Sie redet lustiger als Lene, und ihre Lieblingswörter sind trallala und biep biep.

»Biep, biep, weg da, du schlauer Maier!«, schimpft sie, während der Bus fährt, und sie haut wütend auf die Hupe. Als Bali schlecht wurde, sagte sie: »Du hast Trallala im Bauch? Dann trinke etwas, aber yalla. Gibswasser und Gibstee im Bus!«

»Ich will aber kein Gipswasser trinken!«, weinte Bali und Papa zog lachend Tropfen und Reisekaugummi aus der Tasche. [20]

Neben den Akzenten hatte ich schon früh interessiert vernommen, dass es sehr viele noch ganz andere Sprachen gab, nämlich alle die, die mein Vater konnte und mit anderen Personen als meiner Mutter und mir ausübte. Also außerhalb. In einem Zelt aus Sprache und anderen Menschen. Englisch, Französisch, Arabisch und Türkisch waren neben dem Deutschen seine Verkehrssprachen. Ich habe den Klang wahrgenommen, ohne mich zu fragen, was die Wörter bedeuten. Es war für mich eine Art Geheimsprache, eine Musiksprache, in der Gefühle und Informationen vermittelt wurden, die mir nicht zugänglich waren als ein Bestandteil einer Fremde, die Kindheit ausmachte. Ich habe versucht, diese Sprache nachzuahmen.

---

20 Andrea Karimé: Sterne im Kopf und ein unglaublicher Plan (Wuppertal 2020).

Was ja ungefähr so war, wie wenn Vögel Menschen nachahmen. Und umgekehrt. Sie verstehen nichts. Aber was dann entsteht, beschreibt Yoko Tawada am Schluss ihrer Poetikvorlesung »Verwandlungen« wunderschön. Die Aneignung einer Sprache durch die Fantasie.

»Ein Vogel, der eine menschliche Sprache nachahmend spricht, versteht weder den Inhalt noch die sogenannte Grammatik der Sprache. Auch werden Menschen nie die Vogelsprache verstehen können. Aber eine konzentrierte Nachahmung kann – wie Träume – klare Abbilder der fremden Sprache darstellen!«[21]

Man könnte auch von einer fantastischen Übersetzung sprechen.

Die Vogelsprache meines Vaters habe ich nachgeahmt. Bis heute erinnert mich der Biogra-Fisch beim Schreiben daran. Hier noch mal ein Ausschnitt aus »Sterne im Kopf«:

Dieses Arabisch! Wenn Tante Lama im Bus telefoniert, dann klingt das so: Eisuppikas, Warakklofi Beschitilfaruk Schubäddik oder Andikelhack. Was soll das alles sein? Das kann man ja nicht verstehen. Aber Bali kann alles übersetzen: Der meint nämlich, dass Andikelhack »Andi killt Hack« heißt und Warakklofi »Wer sitzt auf dem Klo?« und Schubäddik »Schuhbettdecke!«. Und diese Sachen erzählt er mir während der ganzen Busfahrt. Mein Gesicht ist deshalb auf Dauergrinsen eingestellt. Wenn dann noch Tante Lama fragt: »Muss jemand pippilieren? Dann bitte ausbussen!«, dann kann ich nicht mehr. Bali gings schnell besser. »Ich muss pippilieren!«, meinte er schon nach ein paar Kilometern, »und fressilieren!«.[22]

---

21 Yoko Tawada: Verwandlungen, 1998, erweiterte Neuausgabe Tübingen 2018.
22 Andrea Karimé: Das echt ehrlich Wahrheitenbuch (AT) In Vorbereitung.

So heiter kann die Mehrsprachigkeit in der Einsprachigkeit sein. Und so poetisch. Aber vielleicht habe ich auch alles als eine einzige Sprache wahrgenommen, die Teile enthielt, die ich nicht verstand. Wie man als Kind ja so manches in der Muttersprache nicht versteht. Also als eine ganz besondere Einsprachigkeit.

Dagmara Kraus, die wunderbare mehrsprachige Dichterin, hat eine ähnliche Idee. Sie sagte auf die Frage hin, ob sie sich nach der Einsprachigkeit sehnte, dass sie manchmal das Gefühl habe, dass ihre Mehrsprachigkeit eine Art Einsprachigkeit sei, nämlich ihre Sprache. Der Biogra-Fisch meint, dass ich mir in diesem Sinne alles als meine Sprache aufgefasst und angeeignet habe. Wer weiß?

Schuhkremkalb? – Zwei Sprachen begegnen sich

Meine erste bewusste Reise in den Libanon habe ich gemacht, als ich acht Jahre alt war. Zuvor war ich nur einmal dort gewesen, aber als Baby, deshalb habe ich daran keine Erinnerung. Kurz vorher, im Wohnzimmer meiner deutschen Großeltern, brachte mir mein Vater das erste arabische Wort bei. Es war ein Sonntagnachmittag mit Kuchen. Die Erwachsenen sprachen über die anstehende Reise. Ich hörte aufmerksam zu, da ich mich schon sehr freute. Plötzlich wendete sich mein Vater zu mir. »Du solltest mal ein wenig Arabisch lernen!« Er zeigte auf sein Glas und sagte etwas, das sich anhörte wie

»Attini mai!« Wie bitte? »Mai heißt Wasser!«, erklärte er. Ich war verblüfft.

Mai war von jeher schon ein Zauberwort für mich gewesen. Es hatte die Macht, mich in das schönste Zimmer in meinem Kopf zu katapultieren. Oder, um es mit Herta Müller zu sagen:

»Ich war verblüfft, weil einzelne Wörter eine ganze Geschichte erzählen können.« [23]

Mai konnte meinen Geburtstag hervorbringen, und die Kniestrümpfe, die ich endlich anziehen durfte nach langem Winter. Mai roch nach Glöckchen und Grün, bedeutete Wohlklang und Wohlgefühl, kurz, er war eine wunderbare Geschichte. Als ich in die Schule kam, lernte ich, dass Mai außerdem noch besonders geschrieben wurde. Ich verknüpfte das a in Mai mit Andrea, meinem Vornamen. Wenn ich damals die Etymologie der Wörter schon gekannt hätte, wäre ich zudem auf den Gott Maius gestoßen, den Beschützer des Wachstums.

»Ein jedes Wort verheißt bereits eine Geschichte!«, sagt auch Michael Stavaric in seiner Poetikvorlesung »Der Autor als Sprachwanderer«. »Es verrät denen, die sich darauf einlassen, etwas von seiner Entstehung. Wissen Sie, was sich hinter dem Wort Schmetterling verbirgt? Es gehörte wohl ursprünglich zum ostmitteleutschen ›Schmeten‹ = Sahne, einem Lehnwort aus dem gleichbedeutenden tschechischen ›smetana‹. Nach altem Volksglauben fliegen nämlich Hexen in Schmetterlingsgestalt umher, um Milch und Sahne zu rauben. Daher bedeutet

---

23 Herta Müller auf ihrer Webseite. http://www.hertamueller.de/

das Wort sowas wie ›Molkedieb‹, ›Buttervogel‹, ergo im Englischen ›butterfly‹.«[24]

Ebenso bewahrheitet sich anhand des Worts Mai alles, was der Geschichtenerzähler Gianni Rodari in seinem Buch »Grammatik der Phantasie« über ein einzelnes Wort behauptet hat.

Ein Stein, der in einen Teich geworfen wird, erzeugt konzentrische Wellen, die sich auf der Oberfläche ausbreiten und, je nach Entfernung, die Seerose und das Röhricht, das Papierschiffchen und die Pose des Anglers unterschiedlich stark in Bewegung versetzen. Dinge, die, jedes für sich, friedlich vor sich hinträumten, werden gleichsam zum Leben erweckt und werden gezwungen, aufeinander zu reagieren. Andere, nicht sichtbare Bewegungen pflanzen sich in der Tiefe nach allen Richtungen fort, während der Stein im Fallen Algen streift und Fische verschreckt. Ist er dann auf dem Grund angekommen, wühlt er den Schlamm auf, stößt an Dinge, die dort vergessen ruhten, von denen einige jetzt freigelegt, andere wiederum vom Sand begraben werden. In ganz kurzer Zeit folgen zahllose Ereignisse oder winzige Vorfälle aufeinander. Selbst mit viel Muße und Lust könnte man sie wohl nicht alle lückenlos verzeichnen. Nicht anders erzeugt ein zufällig ins Bewusstsein geworfenes Wort Wellen an der Oberfläche und in der Tiefe, löst eine endlose Kettenreaktion aus und zieht fallend Töne, Bilder, Analogien und Erinnerungen, Bedeutungen und Träume in die Bewegung hinein, welche Erfahrung, Fantasie, Erinnung und das Unbewusste berührt.«[25]

Von nun an schmeckte mein wunderbares Wort Mai nach kühler ganz und gar durchsichtiger Flüssigkeit. Nach Wasser. Ich liebte Wasser und Schwimmen. Im Wasser zu

---

24 Michael Stavarič: Der Autor als Sprachwanderer, Wien 2016.
25 Gianni Rodari: Grammatik der Phantasie, Leipzig 1973.

sein, war Freiheit pur und das Verschwinden in eine Welt. Mai wurde zum zaubrigen Wassermonat und heftete das Bild eines geheimnisvollen Landes am Meer an meinen Zimmerhorizont, in das ich von da an jede Sommerferien reisen würde.

Mai wurde das großartigste Wort der Welt für mich. Ein Schlüssel für die Tür zu meiner Welt und dem Libanon. Ich sperrte die Tür auf und verband beide Welten zu einer.

In dem Buch »Herkunft« beschreibt der Autor eindrucksvoll, wie das Wort *poskok* ihn in die Vergangenheit katapultiert und er sich an eine angstbesetzte Szene erinnert. Diesmal handelt es sich eher um ein Gänsehautwort, das diese Macht hatte.

»Poskok«, zischte Gavrilo. Ich trat einen Schritt zurück, und es war, als schritte ich auch zurück in der Zeit, zu einem ähnlich heißen Tag in Visegrad vor vielen Jahren. Poskok bedeutet ein Kind, ich und eine Schlange im Hühnerstall. ... In poskok steckt skok – Sprung, und das Kind malt sich die Schlange aus: An deinen Hals springt sie, sie spritzt dir Gift in die Augen ... und ich fürchte das Wort mehr als das Reptil im Hühnerstall.

Einige Zeilen später schreibt er den wunderbaren Satz: *Der Schlange schenkte niemand weiter Beachtung. Es schien, als sei sie bloß Einbildung, bloß Sprache.* Und: *Das übersetzte Wort Hornotter lässt mich kalt.*[26]

Kommen wir zurück zu Mai. Ich speicherte das Wort glücklich für die Autoreise in meinem Kopf, es brauchte mindestens fünf Tage, bis wir endlich im Heimatdorf meines Vaters, dem nordlibanesischen Badawi, ankamen.

---

26 Saša Stanišić: Herkunft, München 2019.

Kurz vorher, an der letzten Grenze, der zwischen Syrien und Libanon, kam noch ein weiteres arabisches Wort zu meinem Maiwasserwort. Mein Vater reichte mir arabische Wörter wie dosierte Schokolade, und so gut schmeckten sie mir auch.

Lang mussten wir auf den ersehnten Visumstempel warten. Ich hörte meinen Vater auf Französisch mit einem Beamten streiten. Es war Nacht, und es war noch sehr warm und bis zum Heimatort meines Vaters blieben nur noch eine Stunde einer scheinbar unendlichen Reise. Wir warteten. Jemand bot uns Wasser an. Sag' danke, forderte mich mein Vater auf. *Schukran*, sagt man. *Schukran*, sagte ich und dachte nach. Während ich den ersten Schluck Maiwasser trank, ging eine Tür auf, vielleicht die zum schönsten Zimmer in meinem Kopf. *Schukran* spazierte hinein und sagte einigen anderen Guten Tag. Bei einem aber blieb *schukran* stehen und verneigte sich. Und vermutlich schmierte es sich wunderschön mit Hilfe einer Bürste ein. »Papa, das kann ich mir gut merken«, sagte ich. »Schukran klingt wie Schuhkrem!«. Ich sagte dies zur großen Belustigung aller Umstehenden.

Schuhkrem. Auch ich musste lachen, weil es so ein herrliches Wort war. Er war weich, und sah aus wie Schokocreme, klang ja auch so. Ich glaubte vielleicht, um mit Stanišić'schen Worten zu sprechen, dass sie keine Schuhkrem war, »sondern eine sehr sehr gute Idee.«[27] Ich wusste, dass keine Schuhkrem der Welt einfach nur Schuhkrem ist, und hatte dort an der syrische Grenze den geheimnis-

27 Saša Stanišić: Herkunft, München 2019.

vollen Prozess des Schuheputzens vor Augen. Die mit der Creme eingeschmierten Schuhe waren stumpf und grau. Doch wenn der Lappen dann, nach einiger Zeit des Einwirkens unter stummen Zaubersprüchen über den Schuh rieb, begann dieser zu glänzen.

Diese Faszination wurde mehrfach zu Geschichten. In »Jonny Himmelblau und das Geheimnis von Schweiger« erzählt der kleine Schuhputzer Malik begeistert über seine Arbeit: »Mein Schuhputzkasten ist etwas ganz Besonderes. Weiche und harte Bürsten in allen Größen. Auch in den feinsten Ritzen finde ich damit den Schmutz. Jedes Sandkorn vernichte ich damit und mein Lappen summt wie eine Mücke. Jedermann sagt, die Schuhe glänzen wie der Mond, wenn sie bei Malik in der Reinigung waren. Mondschuhe, yes!«[28]

Und nun war diese Geschichte aus Glanz und Creme auf einmal noch mit dem Wort Danke verwandt. Für mich grenzte das an Magie und war der Beginn der lebenslangen Freundschaft arabischer und deutscher Wörter in meinem Kopf.

Es war eine wortschöpferische Freundschaft. Schukran war ein weiterer Schlüssel zu fantastischen Räumen, Räumen der Vorstellung und der Poesie, also eine Poesie-Krem war erschaffen, die ich auf meine Wörter und an die Wände der Himmelörter auftragen konnte. Ein fantastischer Spaß.

Später, viel später, als ich bereits mein erstes Kinderbuch geschrieben hatte, brachte mir der Biogra-Fisch die

---

28 Andrea Karimé: Jonny Himmelblau und das Geheimnis von Schweiger, Düren 2014.

Erinnerung an das Schuhkremkalb und all die anderen fantastischen arabischen Wörter beim Schreiben vorbei. In Kaugummi und Verflixungen wurde ihnen allen ein Denkmal gesetzt.

»Schukran ya kalbi!«, sagt Huma zu Hund und strahlt. Was, Schukremkalb? Der Graue versteht nicht mehr richtig. Ich hab ja einen komischen Kopf. Sie gehen die Treppe hoch! »Ach, entschuldige, das heißt Danke mein Hund. Arabisch. Hab ich von meiner Mutter! .... So. und jetzt muss ich gehen!« Der Graue traut dem Frieden nicht. »Hoffentlich findest du auch zurück?« Huma nickt. Wie Glöckchen klingeln die Perlen. »Mach dir keine Sorgen! Ich finde immer Wege!« Und dann hopst sie die Treppe hinunter. Da fällt ihm etwas ein: »Schukrrem!«, ruft er ihr hinterher.

Er versucht das r zu rollen, wie Huma. Sie dreht sich kurz um und sagt: »Hey, du kannst ja Arabisch! Ya salaam!« Ja, Salami? Arabisch ist eine seltsame Sprache.[29]

Die fantastische Annäherung an Wörter fremder Sprachen haben andere Schriftstellerinnen auch beschrieben. Die Übersetzerin und Dichterin Aurélie Marin kam als Kind nach Deutschland und wunderte sich darüber, was Schweinetanten wohl wären, und warum die Deutschen sie so oft im Gespräch erwähnen. Sie hörte also immer das französische Wort für Schweinetanten tantecochon, und es beflügelte ihre Fantasie. Viel später stellte sich für sie heraus, dass es sich bei tantecochon um Danke schön gehandelt hatte. Ich erwähne das auch, weil es ein wunderbares Beispiel für Kraft der Missverständnisse ist, und weil es sich genau wie bei meinem Wort um das Wort Danke rankt.

---

29 Andrea Karimé: Kaugummi und Verflixungen, Wien 2010.

Die Autorin Yoko Tawada erklärt, wie diese Poesie und fantastische Rezeption von Wörtern aus fremden Sprachen zustande kommen.

»In der Muttersprache sind die Worte den Menschen angeheftet, sodass man selten spielerische Freude an der Sprache empfinden kann. Dort klammern sich die Gedanken so fest an die Worte, dass weder die ersteren noch die letzteren frei fliegen können. In der Fremdsprache hat man aber so etwas wie ein Heftklammernentferner. Er entfernt alles was sich aneinandergeheftet hat.«[30]

4. *Der Wörterhimmel des Fräulein Dill* – Wörter aus fremden Sprachen als Schlüssel zu mehrdeutigen poetologischen Geschichten

Dass ein Wort wegen seiner mehrsprachigen Tiefe eine ganze Geschichte ausmachen, bzw. erfinden kann, also den Kompass für eine Geschichte darstellt, hatte ich nach dieser Erfahrung intuitiv gespürt.

Ich machte mich nach der poetischen Verarbeitung der arabischen Wörter in »Kaugummi und Verflixungen« sowie in einer Reihe von Gedichten auf den Weg in die türkischen Wörter. Schuld war der Biogra-Fisch, der sich in ein Huhn verwandelt hatte und eines Tages mit einem *yokyokyok*-Laut vor meinem inneren Auge Körner pickte, das *yokyokyok*-Huhn. Das war auf dem Ehrenfelder Wochenmarkt in

---

30   Yoko Tawada in: Talisman, Tübingen 1996, 11 Auflage 2021.

Köln. Ich hörte das *yokyokyok*[31] eines türkisch deutschen Händlers und ähnlich wie Stanišić es mit *poskok* beschrieben hatte, sah ich plötzlich ein Huhn vor mir. *yokyokyok* katapultierte mich auf den Istanbuler Markt meiner Kindheit auf der Durchreise in den Libanon. So einen Markt hatte ich in Deutschland noch nie gesehen. Er war voller Gold, Wunderlampen und Tiere. Vögel, Wachteln, Spatzen, Hühner, Katzen in Käfigen. Mein Vater kaufte einen Vogel, ein Fink, denke ich, muss das gewesen sein, ich hatte damals keinen Namen. *yoykyokyok*, sagte mein Vater. Und Kusch! Versuchte er den Preis herunterzuhandeln? Vermutlich! Wir kauften den Vogel. Er wurde in eine Hutschachtel mit Luftlöchern gesteckt und stieß unentwegt an den Deckel, bis wir im Libanon ankamen.

»Die Fantasie ist autobiografisch«,[32] sagt Dana Grigorcea. Und der Biogra-Fisch fantasiert.

Zum *yokyokyok*-Huhn meiner Kindheit kam, dass ich mir im Laufe meiner Arbeit als Lehrerin ein paar türkische Wörter angeeignet hatte, die alle eine Leuchtkraft hatten, ausgelöst vielleicht durch die Umlaute, die mir wie kleine Lampen vorkamen.

Günesch, üzgün, Nilgün. Süklum püklüm. Das ü hatte es mir angetan.

Also bewarb ich mich mit einem poetischen Forschungsanliegen um ein Stipendium in Istanbul. Dass diese Bewerbung erfolgreich war, verdanke ich einem einzigen Wort. Es ist das Wort Dill / *dil*. Schukran Dill, sağol Dil.

---

31 yok: türk. *gibt es nicht*, auch benutzt als *nein*, oder *nicht*.
32 Dana Grigorcea in: https://adz.ro/artikel/artikel/die-schriftstellerin-als-flaneurin

Dill ist auch im Deutschen schon ein wunderbares Wort, das, wenn man es wie einen *Stein in den Teich* des Denkens wirft, eine Fülle an Assoziationen auslöst. Es ist grün, kräutrig, federfein, wolkenleicht und klangvoll. Es duftet, streichelt und man kann es essen. Gurkenkraut ist ein anderes Wort für Dill und sein Name entstammt dem Wort *dylla*, Gänsedistel. Man kann herrliche Sprachen daraus machen. Neologismen. Reime. Dillbrille, Dilljunge. Der Biogra-Fisch verkündete »Gurkensalat ohne Dill« schmeckt nicht und saust an »Bill will Dill« aus Enid Blytons Abenteuerbüchern vorbei.

Und nun das große Wunder: Dill ist ein Homonym. Ein Teekesselchen im deutsch-türkischen Kontext. Und was für eins. Denn Dill bildet schon innerhalb der türkischen Sprache ein Homonym: Sprache und Zunge. Die Dichterin Emine Sevgi Özdamar hat in ihrem Buch »Mutterzunge« damit gespielt.

»Ich erinnere mich noch an eine türkische Mutter und ihre Wörter, die sie in unserer Mutterzunge erzählt hatte!«

Welche poetischen Möglichkeiten in einem »bilingualen Homonym« stecken, beschreibt Yoko Tawada in ihrem Buch »akzentfrei« am Beispiel Rahmenhandlung.

»Wenn ich zwei Wörter, die gleich klingen, aus dem Japanischen und aus dem Deutschen zusammensuche, sind sie meist historisch nicht verwandt. Eine Sorte Nudelsuppe heißt genau wie das deutsche Wort »Rahmen«. Ein Laden in dem man diese Nudeln kaufen kann, könnte Rahmenhandlung heißen. ... Im heutigen Leben sieht man ständig Wörter und Bilder aus verschiedenen Welten nebeneinanderstehen.

Durch Migration, Weltreisen oder Surfen im Internet befindet man sich immer häufiger in einer Situation, in der das Nebeneinander bereits existiert, ohne dass ein entsprechender Denkraum entwickelt worden ist. Manchmal fahre ich mit dem Bus durch die Stadt und bin umgeben von mehreren Gesprächen in verschiedenen Sprachen. Zwei Sätze, die zufällig direkt hintereinander in meinen Ohren dringen, haben noch keinen Raum. Man braucht eine Rahmenhandlung, um diese Sätze miteinander zu verbinden.«[33]

Fantastisch. Ich hatte eine Rahmenhandlung gefunden. Das Wort Dill wurde meine Rahmenhandlung und mein Nudelsuppenladen. Oder Nudelwörterladen. Das Bild für die Sprache in meinem Buch war gefunden.

Ein Gewächs sollte die Geschichte werden, sie sollte filigrane Texte enthalten. Filigran wie Dill. Und die Sprache war aus Dill gewebt. Aus den deutschen Komposita wurden noch viel herrlichere Wörter. Dillkraut wurde zum Sprachkraut. Da geht die Tür auf zum schönsten Zimmer in meinem Kopf. Die Idee für »Der Wörterhimmel des Fräulein Dill« war geboren. Das Wort gab die ganze Geschichte. Und noch mehr.

Das arme Fräulein. Dennis will gleich ein Bild für sie malen. Und er muss wirklich einen anderen Namen für sie finden! Buckelfräulein geht ja wohl nicht, Taschentuchgesicht auch nicht. Also holt er Papier und Stifte aus dem Rucksack und malt als Meeresjunge mit Fischen im Bauch. ... Dann malt der das Fräulein. Sein Stift malt ihr aber Dill statt Haare. Genau. Jetzt hat er den Namen: Fräulein Dill.

---

33 Yoko Tawada in »akzentfrei«, Tübingen 2016.

Das Buch ist ein Loblied auf die wunderschöne türkische Sprache geworden, aus kindlicher Perspektive, und es ist ein poetologisches Buch geworden, das sämtliche Verfahren verdeutlicht. Neben dem Verfahren, das ich Puddingblumen nenne, also das teilweise alliterative Kreieren von Neologismen, auch als Sprache, die es nicht gibt, zu verstehen, wie Wörterhimmel, Buckelfräulein, Bestimmerblödine, was ja Kennzeichen aller meiner Bücher ist, gibt es hier mehr und neue Ebenen.

Das Wort diktierte mir nicht nur, mit Sprache zu spielen, sondern die Sprache an sich zum Thema zu machen. Sprachkraut zu kauen.

Im Kinderbuch?, werden sie vielleicht fragen?

Ja, denn für Kinder sind Sprechen und Sprache und Sprachen existenzielle Themen, und sie stellen laufend Sprachbetrachtungen an.

Außerdem haben sich durch das Homonym Dill ganz mühelos Sprachvergleiche ergeben, indem ich die *Schuhkremperspektive* oder *Rahmenhandlungsperspektive* der Hauptfigur einnahm, konnte ich mit den unterschiedlichsten Bedeutungsebenen zwischen deutscher und türkischer Sprache spielen.

»Was bedeutet Dill!«, fragte das Fräulein wie in der Schule. »Weiß nicht!« »In meiner Sprache heißt Dil Sprache.«[34] *Ups. Dillsprache. Das hat er nicht gewusst.*

Petra Heinrichs begründet die Chancen des Worts.

»Dieser Dialog über Dill/dil als mehrsprachiges Teekesselchen klärt die Semantik des Worts im Türkischen

---

34 Andrea Karimé: Der Wörterhimmel des Fräulein Dill, Wien 2013

als (aus deutschsprachiger Sicht) eigentliches Homonym wie es eigentlich in zahlreichen Indogermanischen Sprachen vorliegt: das griechischer Wort glossa trägt bereits diese Mehrfachbedeutung als Zunge und Sprache in sich. Das gilt auch für den lateinischen Wortursprung lingua, der sich bis heute in die romanischen Sprachen fortsetzt.«

Deshalb ist eine ganze Geschichte auf der Basis eines Worts entstanden, das ein bilinguales Homonym ist.

5. Die letzten Wörter – Oder warum es sie nicht gibt.

Fassen wir zusammen: In nur einem Wort steckt eine ganze Geschichte. Der Biogra-Fisch singt das Lied davon. Ein erfundenes (falsches) Wort ist Bestandteil einer neuen Sprache mit eigenen Regeln. Der Zusammenprall zweier Sprachen kreiert bilinguale Wörter und Sprachen, die deutungsoffene poetische Kindergeschichten ermöglichen. Das sind meine letzten Wörter für heute. Auch wenn es sie nicht gibt, so Fräulein Dill zum Abschluss:

Jetzt ist Papa genervt. »Musst du immer das letzte Wort haben, Dennis!« »Das letzte Wort? Wissen Sie was Sie da sagen?« Fräulein Dill ist unbemerkt mit dem Rollauto (Rollator) herangerückt und sieht Papa mit Funkelaugen an! »Es gibt überhaupt kein letztes Wort. Haben Sie mich verstanden? … Glauben Sie denn, dass der Wörterhimmel ein Ende hat? Was erzählen Sie ihrem Kind? Im Wörterhimmel gibt es keine letzten Wörter, nur erste! Haben Sie das verstanden?«

Schukran, Dill. Danke, Dill.

81

فــراشـة

Zumutungen, Zitterfische, Zauberdinge –
Kinderlitera-Türen
Poetikvorlesung 2, Karlsruhe

Vorbemerkung:
Als der Ankündigungstext für diese Vorlesung fertig war, wusste ich: Das ist noch nicht das letzte Wort. Als ich im Dezember das Exposee für mein neues Kinderbuch eingereicht habe, wusste ich: Die Geschichte wird nicht wie geplant bleiben. Woran das liegt? Negativ ausgedrückt: *Ich kann keine Plots.* Oder: *Ich kann keine Exposees.*
Positiv ausgedrückt: Ich lasse den Text beim Schreiben mitbestimmen.

Ich arbeite mit offenen Text-Türen. Kinderlitera-Türen.

1. *Kinderlitera-Tür* – **Das Wunder Schreiben**
Onkel Mustafa[35] sagt am Ende eines meiner Kinderbücher: *»Man muss immer an Wunder glauben!«* Das mag ein wenig naiv klingen, doch ich glaube an Wunder, nämlich beim Schreiben. Wenn ich in einen neuen Text eintauche, weiß ich oft noch nicht was genau auf mich zukommt. Ich bin offen wie die Tür zum schönsten Zimmer in meinem Kopf.

Offen auch gegenüber Zielgruppen, offen gegenüber dem Text, offen gegenüber der Sprache.

---

35 Vgl. Andrea Karimé: Tee mit Onkel Mustafa, Wien 2011.

Natürlich verwende ich manchmal Techniken, die ich *Schreiben-nach-Zahlen*-Techniken nenne. Zum Beispiel haben mir Bausteine, eine Figur zu entwickeln, die Tür zu manchen meiner Figuren geöffnet.

1. Schritt: Äußerlichkeiten einer Figur genau beschreiben.

2. Emotionale Beschreibung: Was denkt und fühlt die Person?

3. Im Dialog: Wie reagiert die Person im Konflikt?

Das alles habe ich durchgespielt. Und wertvolle Hinweise darüber empfangen. Trotzdem blieb ich für die Handlung offen, offen, alles wieder verwerfen, und erlebte deshalb Überraschungen während des Schreibens, also die besagten Wunder.

Auch Plottechniken aus der Drehbuchschreiberei habe ich gelernt und eine vereinfachte Variante abgeleitet:

1. Figur vorstellen mit vielen Details an Hand eines Tageslaufs

2. Den größten Wunsch markieren – Konflikt

3. Einen Gegenstand finden lassen

4. Hindernisse einbauen – Wendungen

Dieses schematische Plotten dient mir aber nur als Provisorium. Hier verwerfe ich ebenfalls wieder sehr viel davon, da ich ja nicht immer einen Fund einbauen möchte, beispielsweise. Ich verschaffe mir einen Überblick und dann lasse ich los. Und vorher mache ich sowieso etwas ganz anderes: nämlich drauf losschreiben mit einer Idee. Im Dunkeln tappen ist sehr wichtig.

Manchmal fallen Ideen tatsächlich wie Sterne vom Himmel auf das Blatt.

Diese Idee kann nur aus einem Wort bestehen zB. *Kalimlarium.*

Das Schreiben ist dann in besagtem Zimmer in meinem Kopf möglich. Mit Offenheit. Dann passieren die Wunder. Das Ungeplante. Manchmal brauche ich ein wenig Sicherheit, Halt, dann stelle ich den Rückwärtsgang ein und parke vorübergehend in den Techniken. Aber ich kann nicht vollständig darauf vertrauen, denn es entstünden nur schematische Texte, langweilige stereotype Handlungen, die aus künstlichen Konflikten und Wendungen entwickelt werden.

Wem ich aber unbedingt vertraue, ist die Sprache und das Schreiben selbst.

So entstehen Texte, die zittern, nicht vor Angst, aber vor Eigenmächtigkeit. Nicht vor Angst, sondern in weiser Voraussicht. So entstehen neue Erzählweisen und Sprachen.

Das können »Schreiben nach Zahlen«-Techniken nicht bieten oder inspirieren. Auch nicht jene herkömmlichen Geschichtenerzählmodelle, wie wir sie in Märchen finden. Brigitte Kronauer beschreibt in einem Interview sehr schön, warum sie als Schriftstellerin die Erzählkonventionen der Mutter nicht übernehmen wollte.

Aber ich vermute, je mehr man dann ein eigenständiges Lebewesen wird, wird einem bewusst, dass da eine Differenz besteht und man diese eigentlich sehr schöne Art und Weise, wie erzählt wird, doch auch als eine Art Vergewaltigung des eigenen Erlebens empfindet. Ich hab' sicherlich eine längere Zeit gebraucht, um zu einer Gegenmaßnahme zu kommen, die vielleicht bis heute noch wirksam ist, dass ich mich im Grunde genommen gegen dieses packende Erzählen meiner Mutter zur Wehr setze. Ich will nicht sagen, dass ich extra gestottert habe, aber es ist eine Art Trotz entstanden und natürlich der Ansporn, dahinterzukommen, wie sehe ich's denn eigentlich.

Das bezieht sich auch auf die Form, auch auf die Struktur, diese von ihr virtuos beherrschten Geschichtenmuster, ich will nicht sagen, zu zerstören, zunächst mal, das ist nachher gekommen, aber ein bisschen eine Erosion ins Spiel zu bringen und sie zu verbiegen und eine Pointe zu umgehen oder ein Ende etwas ausklingen zu lassen oder einen Anfang nicht so dezidiert zu setzen. Das ist etwas, was ich dann, als ich älter geworden bin, das ist aber ein langer Prozess gewesen, sehr bewusst zu einer formalen Maßnahme gemacht habe. Zu Experimenten, wie man die mächtige Geschichtenstrukturierung zerstören könnte.[36]

36 Brigitte Kronauer: https://www.deutschlandfunkkultur.de/brigitte-kronauer-ueber-ihr-leben-und-die-literatur-ohne.974.de.html?dram:article_id=454588

Exkurs: *Zitterfische* oder Braucht es eine Avantgarde im Kinderbuch?

»Das Zittern liegt uns im Blut, damit wir keine Angst vor dem Fischer kriegen. Er erwischt nur solche, die manchmal aus Furcht zittern.« Das ist ein Zitat aus Adelheid Dahimènes Kinderbuch »Zitter, Zitter, Zitterfisch«[37].

Adelheid Dahimène gehört zur österreichischen Avantgarde. Sie ist leider schon 2010 gestorben. Hinterlassen hat die Dichterin ein vielfältiges Werk. Darin versammeln sich viele Genres. Das Kinderbuch war für sie genauso wichtig und anspruchsvoll wie das Hörspiel oder der Roman.

Ihre Idee der starken, sich erhaltenden Zitterfische wende ich auf die Kinderliteratur an.

Mir geht es um Texte mit neuen Formen, Erzählweisen, Zumutungen. Aber auch Brüchen, Irritationen, Sprachbewegungen weg vom Mainstream. Diese lassen sich vielfach in meinem Werk finden. Warum?

Ich bin einmal im Rahmen des Österreichischen Kinderbuchpreises von einem der klügsten Kinderbuchkritiker im deutschsprachigen Raum, Franz Lettner, gefragt worden: »Brauchen wir eine Avantgarde im Kinderbuch?«

Bei dieser Frage entstand sofort eine eigentümliche Stille im schönsten Zimmer in meinem Kopf, ein Schweigen im Gehirnwalde. Ja-Wörter standen da herum, wie winterkahle Birken. Sonst nichts. In einem Terrain, das

---

37 Adelheit Dahiméne: Zitter Zitter Zitterfisch. Picus Verlag Wien 2007.

für gewöhnlich viele Wortgeschöpfe, Ideen, singende *Zitterfische* beherbergt.

Meine Antwort lautete also nach einigem Schweigen schlicht: Ja!

In der letzten Vorlesung habe ich Ihnen dargestellt, wie aus einzelnen Wörtern neue Sprachen entstehen. Und neue Literatur für Kinder. Literatur ist die künstlerische Disziplin des Schreibens. Neue Sprachen sind künstlerische Sprachen. Texte in künstlerischen Sprachen geschrieben ist Literatur. Literarische Avantgarde, wenn Sie so wollen. Zitterfische.

Neue Schreibweisen werden gebraucht.

Diese entziehen sich aber marktwirtschaftlicher Vereinnahmung. Bücher, in denen formal und sprachlich experimentiert wird, finden Sie oft nicht in der Mayer'schen oder auf pädagogischen Empfehlungslisten. Ich empfehle sie Ihnen aber dringend.

Kinderliteratur muss sich nämlich immer wieder aus der marktwirtschaftlichen Vereinnahmung lösen. Wie sonst soll sie sich weiterentwickeln?

Wie sonst sollen neue Perspektiven entstehen?

Andere Ufer erreicht werden?

Wie sollen Fragen und neue Welt-Räume aufgefunden werden? Wie denken gelernt werden?

Die Frage, ob wir diese Art Texte auf dem Buchmarkt brauchen, um in einer ständig sich wandelnden Welt gesund bestehen zu können, erscheint mir also suggestiv. Was, wenn keine Fragen mehr in Kinderbüchern herumschweifen und bleiben.

Was, wenn Texte für Kinder keine Geheimnisse mehr bewahren können?

»Wenn man schon alles weiß, sieht und merkt man nichts mehr.«

Sagt die verstorbene Schweizer Autorin Erica Pedretti. Das gleichnamige Kinderbuch ist leider nirgendwo mehr erhältlich. Der Titel deutet an, dass selbst ein Kinderbuch irritierend und rätselhaft bleiben darf und muss.

Die radikalste Position hat die Meisterin des anspruchsvollen realistischen Kinder- und Jugendbuchs, Mirjam Pressler:

»Verstehen Sie mich recht, ich bin nicht gegen Lesestoff, der sich zum Zeitvertreib eignet. Aber vergessen wir doch bitte nicht, dass vertriebene Zeit für immer verschwunden ist.«[38]

Kinderbücher müssen Räume sein, in denen Kinder Fragen finden. Und diese Texte schreiben wir mit Offenheit.

Das heißt aber nicht, dass ich mir das anspruchsvolle Schreiben für Kinder vornehme, damit die Kinder denken lernen. So pädagogisch gehe ich nicht heran. Ich bin also keine Expertin für aus der Form fallende Kinderbücher, auch wenn ich als solche angesprochen werde. Sowohl von Befürwortern der These als auch von Gegnern.

Warum eigentlich nicht?

»Wie um alles in der Welt soll mir denn irgendein Text gelingen, wenn ich die Erfüllung einer Rezeptionskategorie (Kinderbuch) oder eines ästhetischen Anspruchs (nicht-triviale Literatur) höher stelle und wichtiger nehme als die

38 Mirjam Pressler: Rede anlässlich der Verleihung des Jugendliteraturpreises für ihr Gesamtwerk.

ganz unmittelbare Verpflichtung, den Text zunächst einmal so zu schreiben, dass er sich mir in seiner bestmöglichen und das heißt, in seiner notgedrungenen Gestalt präsentiert?«, fragt Burghard Spinnen in einer Rede[39] über Zielgruppen.

Genau so schreibe ich auch. Text verpflichtet. »Hat es erst einmal begonnen, gibt es nur noch eines: Ich diene dem Text, der Gestalt annehmen will. Und damit er nicht frech wird, zügle ich ihn ab und zu mit eigenen Ideen!«[40] Der Text entscheidet, wo er hinwill. Und wie er endet.

Falls er endet! Doch dazu später.

2. Zielgruppengefängnisse

Schon vor dem Schreiben die genaue Zielgruppe im Kopf zu haben bedeutet, den Text einzusperren.

Mit der erwähnten Offenheit laufe ich beim Schreiben keine Gefahr.

»Schreiben Sie uns einen Text für zwölfjährige Mädchen?«, bin ich mal gefragt worden.

Wer, wie, was sind zwölfjährige Mädchen? Gibt es da einen Lexikoneintrag? Sprechen, denken, fühlen, lieben die alle gleich? Und immer anders als Jungen, Transpersonen, nonbinäre Jugendliche? Aus Verlagssicht definitiv. Einige meiner Kolleg*innen schreiben mit der Zielsicherheit eines SEK-Schützen. Bummbummratter. Fertig

---

39 Burghard Spinnen, Eröffnungsrede Symposium: Zielgruppen in der Kinder- und Jugendliteratur, Arbeitskreis Jugendliteratur, Leipzig, 24.3.2001.
40 Liane Dirks: https://liane-dirks.de/literatur

ist der maßgeschneiderte Text. Munition: Liebe, Pferde, Sansowaschmittel und Coolheit. Aber wem passt so ein Text wirklich?

Auch die Leser*innen landen in Zielgruppengefängnissen.

Ute Wegmann hat mir ein Wort aus dem Mund genommen.

»Ich mag diese offizielle Unterscheidung (zwischen Mädchen- und Jungenliteratur) überhaupt nicht. Natürlich gibt es Bücher, die aufgrund des Themas oder der Protagonisten eher von Mädchen gelesen werden. Aber wir sprechen doch im besten Fall von Literatur. Und Literatur muss über den Einzelnen hinausweisen. Das bedeutet im Konkreten, dass selbst in einem Buch wie ›Never alone‹ mit vier Jungs die Mädchen eine wichtige Rolle spielen und somit Mädchen viel Interessantes in der Geschichte entdecken können. Ich habe kein Buch für Jungs geschrieben. Ich schreibe überhaupt nicht für jemanden. Vielleicht entdeckt der eine oder andere Leser etwas, das er vorher so noch nicht gesehen hat, das wäre schön. Aber daran denke ich nicht. Der Fokus liegt auf den Charakteren, dem Miteinander der Figuren und somit auf der Geschichte«. [41]

Besten Dank!

Ich schreibe nicht für Mädchen oder Jungen. Ich schreibe auch nicht für Migrantinnen oder Nichtmigrantinnen.

Schon allein das ist ja heutzutage fast Avantgarde.

41 Ute Wegmann in ihrer Poetikvorlesung in Halle 2016. http://wcms.itz.uni-halle.de/download.php?down=44410&elem=3017799

Mein Schreiben beginnt meistens als sprachlich poetische Erforschung von Welt-Verbindungen. Was soll das sein? Die Verbindung vom Nahen Osten und Deutschland beispielsweise. Und die Themen, Figuren, Wörter, die sich daraus ergeben. Mina, die mit ihrer Familie ins Heimatland des Vaters reist. Oder Rolla, die eine riesige goldene Kanne im Keller ihrer libanesischen Großeltern findet.

Hier ist wieder der Biogra-Fisch am Werk. Er zieht Material aus der Vergangenheit und verwebt es mit der Gegenwart. Welt-Verbindungen heißt aber auch, dass ich auf Reisen Material für Geschichten und Gedichte zusammenstelle. Für sage und schreibe 8 Bücher und 20 Kolumnen hatte ich Stoff zum Beispiel aus Kairo mitgebracht.

Der poetische Kosmos, aus dem ich dabei schöpfe, hat also erstmal keine Kinderabteilung. Ist keine Kommode mit Zielgruppenschubladen. Ohne Hierarchien. Nein. Im Prinzip ist das Material vielseitig verwendbar und wandelbar. Natürlich gibt es unterschiedliche Themen. Notwendigkeiten. Texte, die sich in die ein oder andere Richtung aufmachen. Kindertexte, die Kolumne werden. *Undsoweiter*! Aber das weiß ich natürlich vorher noch nicht.

Schreibe ich also absichtslos? Nein, sogar aus sehr egoistisch absichtsvollen Motiven. »Ich will Texte vor mich hinsummen wie erfundene Melodien, die nie abreißen und sich niemals wiederholen, und von denen man selbst am allerwenigsten sagen kann, woher sie kommen und wer sie erfand.« [42]

Hingesummte Texte, niemals wiederholt. Wunderbar!

42 Alles auf dem Rasen. Juli Zeh, Frankfurt am Main 2006.

Und so geraten sie eben aus der Form, zittern, brechen irgendwohin auf, ziehen (oft) Leine, weg von der Wirtschaftlichkeit. Wofür ich ja nichts kann.

»Ich glaube, dass vielen dann das passiert, dass sie einen Erfolgsroman sehr früh schreiben und plötzlich gar nicht mehr wissen, wie soll ich denn schreiben, und dann abgleiten in so einen allgemeinen Mainstream. Sie werden normalisiert. Und das Normalisiertwerden ist für einen Schriftsteller, wenn man das jetzt als Kunst auffasst, für eine künstlerische Literatur sicherlich tödlich. Denn es kommt ja gerade darauf an, dass man diesen Unterschied zum allgemeinen Sprechen festhält und daraus seine Kraft bezieht und dadurch in der Lage ist, etwas eigenes herzustellen, aber auch die Kraft dieses Widerstandes für das eigene fruchtbar zu machen.« [43]

Adelheid Dahimènes Text zittert auch davon.

»Sogar das aufgewühlte Meer zittert mit den Fischen und sieht gelassen dem nächsten Frühling entgegen. Der Zitterfisch aber zittert wie immer ganz natürlich ohne Angst und ohne Fieber, ohne Angst, ohne Fieber, ohne Angst, ohne Fieber, ohne Angst ohne Fieber, ohne wiesowarumundweshalb!« [44]

43 Brigitte Kronauer: https://www.deutschlandfunkkultur.de/brigitte-kronauer-ueber-ihr-leben-und-die-literatur-ohne.974.de.html?dram:article_id=454588
44 Aus: Adelheit Dahiméne: Zitter Zitter Zitterfisch. Picus Verlag Wien 2007.

3. Zumutungen

Zumutung ist eine Ableitung von Mut, was Kühnheit oder Unerschrockenheit bedeutet. Mut stammt vom althochdeutschen *muot* ›Kraft des Denkens, Seele, Herz, Gemütszustand, Gesinnung, Gefühl, Absicht, aber auch Zorn, aufgeregter Sinn‹. Im Grimmschen Wörterbuch wird *zumuten* folgenderweise erklärt: ›unbilligerweise etw. von jmdm. verlangen‹.

Unbilligerweise.

Unangemessen.

Doch wer entscheidet, was unangemessen ist oder nicht?

Welchen Mut, welche Kraft des Denkens Kinder haben oder nicht?

Das ist so skurril wie die Anfrage nach dem Buch für zwölfjährige Mädchen. Weil Kinder leider nicht, wie die Verlagsfantasien uns erzählen, alle gleich sind. Machen wir doch mal endlich Schluss mit dieser Gleichmacherei! Schon als Lehrerin ging sie mir gegen den Strich! Alle Kinder lernen zur selben Zeit das »A« schreiben und lesen, ob sie es schon kennen oder nicht! Was für eine Vergeudung von Intelligenz das ist, hat Gerald Hüther ausführlich dargelegt.

Und »Adler steigen keine Treppen« sagt die Weisheit von Célestin Freinet, dem großen wunderbaren Reformpädagogen aus der Schweiz.

Was mute ich also Kindern zu?

Viel. Immer viel. Und am besten immer viel mehr als billig scheint!

Als ich noch Lehrerin war, hatte ich ein Gespräch mit einer Mutter, die ihrem neunjährigen Sohn von Auschwitz und Anne Frank erzählt hat. Ich war bestürzt und voll Bewunderung zugleich. Sie sagte: Was die Kinder erlebt haben, ist viel schlimmer als das, was mein Sohn erlebt, wenn er davon hört. Die großartige Mirjam Pressler formulierte das in einem Interview so: »Dinge, die man früher Kindern und Jugendlichen im wirklichen Leben zugemutet hat,[45] können die Kinder der heutigen Generation mit satten Bäuchen und in warmen Zimmern sehr wohl auch lesen.«

Also auch Dinge, die Kindern heute zugemutet werden, im wirklichen Leben. Außerdem: Wie viele Kinder haben denn eine Heile-Welt-Kindheit? »Es gibt sie nicht, diese heile Kinderwelt«, sagte Mirjam Pressler in einem anderen Interview.[46]

Außerdem sind Kinder stärker als Erwachsene glauben. Wir müssen nur beobachten, wie Kinder mit dem Thema Tod umgehen. Wir wollen die Kinder davor behüten, aber nichts ist für sie interessanter. Niemand sonst, als ein Kind, kann so fantasievoll, stark, kühn und berührend mit dem Tod umgehen.

Ich habe das begriffen, als auf der Beerdigung eines lieben Freundes und Pianisten seine Enkelin Sara sehr empört ausgerufen hat: »Opa kann nicht in den Himmel kommen. Wie soll denn das Klavier dahin kommen?«

Diese Kinderfrage wollte eine Geschichte werden.

45 Gefunden in http://leselenz.eu/wp-content/uploads/2019/06/
Jurybegru%CC%88ndung_LeseLenz_Preis-2019_fu%CC%88r-Anja-Tuckermann.pdf
46 Mirjam Pressler in: https://www.focus.de/kultur/buecher/literatur-mirjam-pressler-ist-tot_id_10193705.html

Am nächsten Tag packt Papa einen Koffer. Weil Opa gestorben ist, müssen sie zwei Länder weiter. »Wir wollen ihm winken, wenn er in den Himmel reist«, sagt Papa. Da fällt Lea etwas ein. »Papa, Opa kann nicht in den Himmel ziehen. Wie soll denn das Klavier in den Himmel kommen? Es kann nicht fliegen. Es hat nur einen Flügel.« Lea hat ja recht. Was soll Opa ohne sein Klavier im Himmel? Aber erstmal reist Lea in den Himmel. Mit dem Flugzeug. Und hält Ausschau nach Opa. Aber der ist noch nicht im Himmel. Lea sieht nur Wolken und Badeschaum unter dem Flugzeug. Wie soll der Opa da wohnen? Im Himmel gibt es gar kein Haus. Das Flugzeug ist groß genug. Das Klavier vom Opa passt schon mal rein, denkt Lea zufrieden.

Opa liegt in einer Kiste, die keine Flügel hat. Das ist ein Sarg, erklärt Mama. So wird das nichts mit dem Himmel, der Sarg braucht Flügel, sagt Lea. Alle weinen fürchterlich. Nur Lea nicht. Mama spricht gar nichts mehr. Der Opa soll doch aus der Kiste kommen, findet Lea. Aber Papa erklärt ihr: Opas Seele ist schon unterwegs zum Himmel. Was? Aber wann denn? Lea hat nichts gesehen. Deshalb haut sie Papa auf das Bein. Heute Nacht ist er los.

Er soll wiederkommen, sagt Lea.

Nein, Opa geht es sehr gut. Im Himmel hat er alles, was er braucht. Wir dürfen ihn nicht stören. Wir müssen Tschüss sagen. Dann spielt sie Flöte und tanzt mit Papa.

Aber, wie schon gesagt, schreibe ich keine Geschichten in der Absicht, Kindern etwas zuzumuten. Doch wenn sich eine solche Geschichte unter dem Griffel anbahnt, biege ich auch nicht ab.

So habe ich »King kommt noch« geschrieben, über den Jungen, der aus einem Kriegsland in ein Friedensland geflüchtet ist und dort auf seinen Hund wartet. Jeder Erwachsene meint zu wissen, dass der Hund niemals kommen wird. Kinder lesen das Buch aber anders. Vielleicht ist deshalb die Zumutung auch gar nicht so groß wie Erwachsene denken.

»King kommt noch!«, sagt Mama. Und klingelingeling läuten ihre Ohrringe, die aus Glöckchen sind.

So etwas Schönes hat Mama hier noch nie gesagt.

Wir sind nämlich seit drei Tagen in einem neuen Land. Nur King ist nicht mitgekommen.

Wir frühstücken in unserem neuen Zimmer.

»Kommt King wirklich?«

»Ja«, sagt Mama.

Vor lauter Schönheit esse ich das komische Brot, das aussieht wie ein Schwamm. In dem neuen Land gibt es immer nur komisches Brot. Wenn King da wäre, würde ich es ihm zu fressen geben. Er würde es zerreißen mit seinen langen Zähnen. Und schmatzen wie Matsch.

»Hurra, King kommt noch!«

Ich muss im Zimmer herumspringen und bellen, wie King.

Vor lauter Schönheit wird das Zimmer schön.

Und die Löcher in den Wänden werden Sterne.

Und das Baby lacht wie ein Bach.

Früher hatten wir eine ganze Wohnung. Und ein anderes Land. Heute tun wir alles in einem Zimmer: Essen, schlafen, spielen. Hier sind wir den ganzen Tag drin. Aber Papa sucht eine richtige Wohnung.

»Wann kommt King denn?«

»Bald, mein Kleiner«, hat Papa gesagt! Und Mama auf ein Glöckchenohr geknutscht.

Lieber King, bist du schon unterwegs?

Oder wartest du noch in unserem Versteck bis die Raketen vorbeigeflogen sind? Lauf' auf jeden Fall nur im Dunkeln los.[47]

Kinderkommentare zu diesem Buch sind eindeutig. »*Der Buch ist einfach so magisch!*«, sagte ein Junge, dessen Klasse sich intensiv mit dem Buch auseinandergesetzt hat.[48] Hat er etwas nicht richtig verstanden? Doch, seine Lesart ist Magie. Leider sind verschiedene Lesarten in der Schule nicht immer erlaubt. Die schlimmste Rezension, die ich je von einem meiner Bücher gelesen habe, war die einer Grundschullehrerin, die ihrer 2. Klasse »Kalim Baba und die Wörterlampe« vorgelesen hat. Zusammengefasst sagte sie: »Allen hat es gefallen, aber kein Kind hat verstanden, was die Autorin sagen wollte. Eine gute Idee, aber schlecht umgesetzt!« Und genau diese Art von Literaturverständnis verhindert das Interesse an Literatur, die doppelbödig und bedeutungsoffen sein darf.

Aber der Junge hat noch mehr verstanden: Das Buch lässt viele Fragen offen und nicht alle Geheimnisse werden aufgelöst. Manche schweben in magischen Farben durch die Geschichte und bleiben für immer.

Der Junge hat Literatur verstanden.

Ebenso wie ein anderes Mädchen: »Das Ende war komisch, aber es war trotzdem sehr sehr schön!« Differenzierter geht es ja kaum noch! Ein Buch zu mögen, an dem wir nicht alles mögen! Cool!

---

47 Andrea Karimé: King kommt noch. Wuppertal 2017.
48 Aus einem Interview mit dem WRD, Video ist leider nicht mehr online.

Dazu sind Kinder in der Lage. Das alles ist ihnen zuzumuten. Wie bin ich aber darauf gekommen, solche Bücher zu schreiben?

4. Starke Held*innen in schwierigen Lebenssituationen

Von Anfang an sind mir Figuren über den Weg gelaufen, die nicht weiß sind. Und auch nicht immer deutsch. Sicher nicht, weil ich das Kinderbuch bunter machen wollte, eher, weil meine Lebensrealität, meine Perspektive, meine Erfahrungen anders sind. Mein erstes Kinderbuch, »Nuri und der Geschichtenteppich!«, habe ich geschrieben, weil es diese in der Schule gehänselte Nuri wirklich gab. Ich habe ihre Geschichte gehört, und sie wollte Geschichte werden. Und was ich schon immer wollte: Die Geschichte der Scheherazade, die das Leben vieler Mädchen rettet, indem sie Geschichten erzählt, im Kinderbuch fruchtbar werden lassen. Nuri rettet also mit ihrer Gabe ein Leben durch Geschichtenerzählen auf dem Schulweg. Ihr eigenes. Aber sie erzählt auch von Zumutungen. Der Krieg im Irak, in dem ihre kleine Schwester als Baby gestorben ist. Die Flucht. Das Heimweh.

Was macht ein Kind daraus? Es spielt seine Stärke aus. Es erfindet die fiese Geschichte des König Schwarzzahn, der alle auffrisst, die ihm nicht gehorchen, zum Beispiel.

Der Junge in »King kommt noch« hat auch eine schwere Lebenssituation. Er ist geflüchtet, wohnt in einem Übergangsheim und vermisst seinen Hund. Trotzdem habe ich keine weinerliche Geschichte daraus gemacht. Warum nicht? Es liegt an der Figur. Die Figur, die mir diktiert hat, ist stark. Er spielt seine Stärken aus: Fantasie. Neugier. Entdeckungsfreude. Mut. Ausdauer.

Vor allem die ersten drei sind typische kindliche Kompetenzen. Bei dem Jungen in King sind sie besonders ausgeprägt. Er ist also trotz seiner traurigen Situation keine Figur, mit der die LeserIn Mitleid haben muss, weil sie so viele Probleme hat. Er ist kein Opfer, sondern ein handelndes Subjekt. Mitgefühl wird die LeserIn haben, soviel steht fest, aber kein Mitleid. Wozu soll das auch gut sein? Erstens würde die Schwäche für eine ganze Gruppe zementiert, zweitens macht das auch noch Schuldgefühle beim Lesen. Nein, ich ziehe Mitgefühl vor und entziehe der Heldin in schweren Lebenssituationen den Opferstatus.

Eine Figur, mit der man Mitleid hat, schreibt Sackgassengeschichten, mit Titeln wie etwa »Fatima, das Flüchtlingsmädchen«. (Dieser Titel ist fiktiv, aber nicht unwahrscheinlich!)

Eine Geschichte, in der die Heldin auf Defizite reduziert wird, schreibt defizitäre Geschichten. Literatur kann man damit nicht entwickeln. Jene Kinderbücher, die Türen sind. Türen zum schönsten Zimmer im Kopf vielleicht, oder die zum Denken.

Offene Türen natürlich.

KinderliteraTüren.

5. Schlüsse und Zauberdinge

Als ich mein Buch »Tee mit Onkel Mustafa« schrieb, war mein größtes Problem der Schluss. Genauso war es mit »King kommt noch«. Beides Bücher über Krieg und Flucht. Beides Zumutungen mit starken Held*innen, denen ebenfalls viel zugemutet wird. Ich möchte die Geschichten kurz skizzieren, aber vorher möchte ich etwas über Schlüsse sagen.

Schlüsse sind der Schlüssel zum Text.

Schlüsse werden vom Text geschlüsselt.

Und geflüstert.

Ob man möchte oder nicht.

Manchmal schreibe ich über das Ende hinweg. Und merke erst später, dass das Ende bereits da ist. Schade und schön!

Manchmal bedarf es einer Mixtur aus Realität und Happy End. Manchmal bedarf es einer Art Coda, wie in einem Musikstück. In der Klänge noch mal variiert auftauchen.

Manchmal gibt es Geschichten in der Geschichte. So wie in der Sammlung 1001 Märchen, in der man sich beim Lesen verirrt, da man in immer neue Geschichten gezogen wird.

Ich liebe diese Geschichten, in denen man sich verirrt. Vergisst, dass man auf den Schluss hin liest. Und auf welchen.

Onkel Mustafa ist auch eine Geschichte von der Geschichte in der Geschichte. Sie ist eine der unendlichen

Geschichten aus dem Geschichtenteppich meines Onkels. Er enthält den Silberfaden, in den sich einst die Stimme eines Zauberers beim Erzählen seiner Lebensgeschichte verwandelt hat. Dieser Faden webte sich unbemerkt in sieben Teppiche, die seine Tochter währenddessen gewebt hat. So sind die sieben Geschichtenteppiche entstanden. Wenn man sich draufsetzt, kommen Geschichten in den Kopf, sagt die Legende. Nachzulesen in der Zauberstimme. Einer der sieben landete bei meinem Onkel. Weshalb er mir als Kind die Geschichten erzählt hat. Auf dem Teppich. In seinem Gästezimmer.

Im Buch lernt Mina, die zum ersten Mal in den Sommerferien ihre bisher unbekannte libanesische Familie besucht, Onkel Mustafa kennen, den tierlieben Schafhirten. Sie besucht ihn jeden Tag, trinkt Tee mit ihm und hört Geschichten. So webt sie ihre Libanonwelt damit, in die der Krieg kurze Zeit später Risse zerrt. Die Familie muss den Libanon schnell verlassen und nimmt Onkel Mustafa mit nach Deutschland. Doch dort ist der lustige Onkel nicht mehr derselbe: Er wird grimmig und Geschichten will er auch nicht mehr erzählen.

Eines Nachts erfährt Mina, was mit dem Onkel los ist:

Der Krieg und der Regen hörten nicht auf. Der Wetterbericht sagte: nur noch drei Tage. »Und was ist mit der Waffenruhe?« Minas Mutter sah traurig aus. »Die hat leider nur einen Tag gehalten. Ach, könnte es doch einen Wetterbericht für den Krieg geben!« Aber den gab es nicht. Mina machte sich nun ernsthafte Sorgen um ihren Onkel. Er erzählte überhaupt keine Geschichten mehr. Er schaute nur noch den Krieg im Fernsehen an. Und er hörte überhaupt nicht mehr auf, über das fürchterliche Wetter zu schimpfen.

Eines Nachts wurde sie von einem merkwürdigen Geräusch wach. Ein Rascheln in ihrem Zimmer! War das Pippo? Mina schlug die Augen auf, um nach ihm zu sehen. In diesem Moment blieb ihr Herz kurz stehen und pochte danach umso heftiger. In ihrem Zimmer bewegte sich ein großer, dunkler Schatten genau auf Pippos Stall zu. Sie konnte den Fremden sogar atmen hören. Ein Einbrecher? Mina stellte fest, dass ihr Herz nicht mehr an seinem Platz war. Weiß der Kuckuck, wo es schon wieder steckte. Langsam gewöhnten sich ihre Augen an die Dunkelheit. Der Schatten huschte nun an ihrem Bett vorüber. Da erkannte sie, dass es Onkel Mustafa war, der nun auf Zehenspitzen ihr Zimmer verließ.

Was machte er denn bloß mitten in der Nacht in ihrem Zimmer? Mina beschloss, es selbst herauszufinden, das hielt sie für besser. Als sie aus dem Bett stieg, merkte sie, wie weich ihre Knie waren. Trotzdem schlich sie Onkel Mustafa hinterher ins Wohnzimmer. Hinter dem Sofa konnte sie sich verstecken und den Onkel beobachten. »Ach Pippo, bist du denn die einzige Seele hier, die mich wirklich versteht? Ja, du bist in der Tat ein ganz wundervolles Tier!« Onkel Mustafa hatte Pippo zu sich geholt. »Mein Herz wird noch krank hier, verstehst du das, Pippo? Ohne meine Heimat wird es vertrocknen wie eine Feige. Doch was soll ich nur in einem Land ohne Wunder? Und wie soll ich überhaupt allein und ohne Geld zurückkommen? Andererseits: Wen stört schon der Krieg? Das Gebell der Hunde macht doch auf die Wolken auch keinen Eindruck. Ach, Pippo, du hast die gleiche treue Seele wie die Wolken und die Schafe. Mein kleines Dorf sehnt sich nach seinen Leuten.« Die Stimme des Onkels klang leise und dünn wie ein Haar. Er

war schier krank vor Heimweh und wollte nur eines: zurück. Man
musste ihm helfen. Unbedingt. Aber wie? Vorsichtig schlich sie sich
zurück in ihr Bett. Vor Erschöpfung fielen ihr recht bald die Augen
zu. So hörte sie nicht mehr, wie der Onkel Pippo später vorsichtig in
den Käfig zurücksetzte.

Der Schluss der Geschichte kündigt sich an. Aber wie?

Sie hat ein Happy End bereits abgelehnt: »Ein Wetterbericht für den Krieg gibt es nicht!«

Einen traurigen und realistischen Schluss wollte die Geschichte aber auch nicht haben.

Ich habe sehr lang überlegt und fand den Schlüssel in der Zumutung. Und in der Figur. Mina.

Was würde Mina tun? Die Empathie macht sie stark.

Sie will dem Onkel helfen.

Und hilft ihm, indem sie ihren Vater überzeugt, Onkel Mustafa die Rückreise zu ermöglichen Trotz Krieg. Eine starke Zumutung.

Dann war noch Fantasie im Spiel. Die Fantasie der Protagonistin. Mit ihrer Fantasie hört Mina die Stimme des Onkels im Teppich. Mit seiner Fantasie sieht der Held in King seinen Hund im Buch, durch das blaue Licht. Aber die Kinder dürfen auch an Zauber glauben.

Zauberdinge bringen Deutungsoffenheit, weil die Magie für Kinder etwas ganz Reales ist.

Zum Schluss meiner Ausführung folgt der lang gesuchte Schluss der Geschichte »Tee mit Onkel Mustafa«. Hier schließt sich der Kreis mit der Lehre vom Anfang. »Man muss nur an Wunder glauben!« Auch im Schreiben.

»Dann ist der Onkel ja doch noch ein kleines bisschen da«, jubelte Mina. Sie setzte sich mit Pippo auf den Teppich und streichelte die abendrote Stelle. »Schau mal Pippo, der Teppich hier hat zu viel Abendrot verspeist. Deshalb ist er auch so rot. Onkel Mustafa hat ihn einst gefunden, als ihm ein Kamel sein Zelt geklaut hat«, sagte sie. Was würde er jetzt wohl sagen? »Mina, mein Mädchen, glaubst du wirklich, dein Onkel kann für immer verschwinden?« Huch, das war ja fast so, als spräche er aus dem Teppich heraus zu ihr. Oder bildete sie sich das einfach nur ein? »Sei nicht traurig, nächsten Sommer sehen wir uns wieder.« Das war die Stimme des Onkels, jetzt war sich Mina ganz sicher! »Habe ich dir nicht meine ganzen Wunder geschenkt?« Mina hielt Pippo ganz fest und legte die Schuppe auf den Teppich. Doch da konnte sie es auf einmal im Muster des Teppichs sehen: Mischmumkin! Sagenhaft! Unterhalb der Schuppe schwammen kleine bunte Bilder und bewegten sich wie in einer Art Minikino. Klar und deutlich konnte sie alles erkennen. »Pippo, Pippo! Das ist ja der Mond im Brunnen! Und da: Onkel Mustafa! Er hat einen Eimer in der Hand. Vorsicht Onkel, gleich fällst du hin! Guck doch mal!« Mina setzte sich aufgeregt auf, nahm die Schuppe und untersuchte sie gründlich: Sie war durchsichtig und glänzte silbrig wie Lametta. Nichts Ungewöhnliches war daran zu erkennen. Deshalb legte Mina sie auf den Teppich zurück. Doch genau in dem Moment, in dem die Schuppe den Teppich berührte, entdeckte Mina darin weitere Bilder. »Da läuft ja ein Kamel! Und was macht es da? Ach ja, natürlich, es legt sein Kleid ab. Das ist die Tante!« Eine klitzekleine Frau trat aus dem Kamelfell hervor, mit einem langen schwarzen Zopf und himmelblauen Kleidern. Das geht ja wohl nicht mit rechten Dingen zu, dachte Mina und legte die Schuppe an eine andere Stelle des

Teppichs. Doch auch dort sah sie wieder einen kleinen Abenteuer-film: »Pippo, schau doch mal, wie Onkel Mustafa unter Wasser schwimmt und dabei wie ein Fisch aussieht.«

Das war ja irre! Unglaublich. Egal welche Stelle sie sich aus-suchte, immer sah sie unter der Fischschuppe eine der vielen Ge-schichten ihres Onkels. In Mina summte es wie ein ganzer Bie-nenschwarm. »Tausend Dank, lieber Onkel«, flüsterte sie in den Teppich, »tausend Dank! Das ist das beste Geschenk der Welt.« Von nun an schaute Mina immer in die Zauberschuppe, wenn sie ihren fantastischen Onkel Mustafa vermisste. Oder wenn ihr der Krieg mal wieder zu traurig wurde. Dann sah sie den Onkel in all seinen unglaublichen Geschichten, die er ihr damals geschenkt hatte. Und manchmal hörte sie dabei sogar seine Stimme: »Mina, mein Äuglein, mir geht es gut. Und vergiss nie: Man muss einfach nur an Wunder glauben!«

Ara-Bärin, Ara-Bisch und die Meersprachigkeit – Von der Vielstimmigkeit, der Wörtergoldwaage und dem Schreiben für Kinder

Poetikvorlesung 3, Halle

Teil 1: Kinderbuchautorin of Colour und Schreibschatztruhe

1. Kinderbuchautorin of Colour

Meine Arbeit an der Vorlesung fällt in Zeiten des weltweißen Protests Schwarzer Menschen[49] gegen Rassismus und die sogenannte »White supremacy«[50]. Vieles wird auch in Deutschland dazu diskutiert, Perspektiven und Einstellungen überdacht, vieles wird berichtet, erzählt und enthüllt, und als Tochter eines arabischen Vaters spreche ich mit dieser Erzählung und finde mich in ihr wieder. Ich bin ja eine Kinderbuchautorin of Colour[51], denke ich und schreibe diese Vorlesung. Vielleicht ist das ein »ein Coming-Out als Nichtweiße«[52], wie Olivia Wenzel, die Autorin des wundervollen, für den deutschen Buchpreis 2020 nominierten Romans »1000 Serpentinen Angst« in einem Interview gesagt hat. In ihrem Roman hat sie den Prozess dieser Bewusstwerdung eindringlich beschrieben.

---

49 Vgl. https://www.zdf.de/kinder/logo/sprache-gegen-rassismus-100.html
50 https://de.wikipedia.org/wiki/White_Supremacy
51 Wikipedia, **Person of Color** (Plural: *People of Color* »Menschen von Farbe«), oft als PoC abgekürzt, auch BPoC (Black and People of Color) oder BIPoC (Black, Indigenous and People of Color) sind Begriffe aus dem anglo-amerikanischen Raum und beschreiben jene Individuen und Gruppen, die vielfältigen Formen von Rassismus ausgesetzt sind und die die »gemeinsame, in vielen Variationen auftretende und *ungleich* erlebte Erfahrung (teilen), aufgrund körperlicher und kultureller Fremdzuschreibungen der weißen Dominanzgesellschaft als ›anders‹ und ›unzugehörig‹ definiert [zu] werden.« Der Begriff wird in Deutschland sowohl aktivistisch als auch wissenschaftlich verwendet.
52 https://taz.de/Autorin-Olivia-Wenzel-ueber-Identitaet/!5666451/

Ich bin also eine Kinderbuchautorin of Colour. Das ist meine Perspektive, aus der ich schreibe. Mein Vater stammt aus dem Libanon, meine Mutter ist Deutsche. Ich habe mich in Deutschland bisher (fast) immer gut aufgehoben gefühlt hat. Ich liebe die deutsche Sprache, es ist meine beste. Aber wenn ich etwa auf meinen Deutschlehrer im Gymnasium gehört hätte, wäre ich nie Kinderbuchautorin geworden. Er war nicht davon zu überzeugen gewesen, dass Deutsch meine Muttersprache ist und dass ich diese beherrsche. Er stellte mich bloß und veröffentlichte jeden kleinen umgangssprachlichen Fehler.

Ich hatte immer Angst vor einem falschen Zungenschlag gehabt. Einer, der mich verraten hätte. Dabei war Deutsch meine Muttersprache. Wehe dem, der sich beim Sprechen an einer Brezel verschluckt. (Utlu: Die Ungehaltenen)

Ich hatte eine arabisch-deutsche Kindheit in Deutschland und das prägt mein Narrativ, meine Literatur. Und da ist die Verbindung zwischen Vorlesung und Diskurs über Vielfalt.

Ich schaffe automatisch immer eine Buchwelt, in der kulturell diverse Figuren das Sagen haben. Das ist mein Blick auf die Welt. Als ich mein erstes Kinderbuch »Nuri und der Geschichtenteppich« geschrieben habe, bin ich angetreten, um Kinderbuchfiguren zu schaffen, die nicht weiß, aber trotzdem starke Persönlichkeiten, Held*innen sind und alles andere als Opfer.

Autorin of Colour zu sein bedeutet aber auch, dass ich eine Kindheit mit Rassismus erlebt habe. Alltagsrassismus und strukturellen Rassismus. Auch das taucht auf, etwa im Buch »Nuri und der Geschichtenteppich«.

Ich schreibe im Gelände der kulturell vielfältigen Kinderliteratur, meine Perspektive ist biografisch divers geprägt. (Ich nenne das auch meinen deutschlibanesischen »Biogra-Fisch«[53], eins meiner »Poetisiertiere«. Im Rahmen der Arbeit an der Vorlesung sind noch neue dazugekommen.) Und wie das die Facette »Sprache Poesie« beeinflusst, verdeutliche ich im 2. Teil der Vorlesung. Vorher möchte ich aber noch etwas klarstellen. Und dazu braucht's einen Exkurs, auch Schachtel genannt.

Exkurs: Rassismus, Vielfalt, Vielstimmigkeit – deutschsprachige Kinderliteratur

Wer darf was schreiben? Darf eine weiße Kinderbuchautorin zum Beispiel über Schwarze Kinder schreiben, werde ich gefragt. Ich soll mich positionieren. Jede*r darf über alles schreiben.

Drei Dinge möchte ich aber skizzieren, die beleuchten, dass es gar nicht reicht, wenn weiße Menschen kulturelle Vielfalt in Kinderbücher schreiben wollen. Löblich, aber nicht genug.

Erstens hat es fürchterliche rassistische Tradition, wenn weiße Menschen Schwarze Menschen (Hier benutze ich wieder die politische Schreibung![54]) beschreiben. Ganze Universen an Imaginationen über Schwarze Menschen haben Weißen jahrhundertelang geholfen und tun

---

53 Vgl. https://www.ph-karlsruhe.de/projekte/poetik-dozentur Paper Karimé
54 Vgl. https://www.buecher.de/shop/ingeborg-bachmann-preis/duerfen-schwarze-blumen-malen/otoo-sharon-dodua/products_products/detail/prod_id/59607252/

es noch, sich in einer Täterschaft als Rassisten gut und gerecht zu fühlen, und somit ihre gewalttätigen und mörderischen Praktiken und Persönlichkeitsanteile zu verleugnen. Indem Schwarze Menschen als böse, wild, räuberisch und vieles andere imaginiert und beschrieben wurden und noch werden, konnten und können sich Weiße als Ordnungshüter und Austreiber des Bösen gut und fürsorglich darstellen. Das ist ein noch immer wirkendes Trauma. Grada Kilomba hat das transparent in ihrem Buch »plantations memories« analysiert, und sie macht deutlich, wie zerstörerisch weiße Fantasie über Schwarze Menschen ist und war. Immer noch werden Bilder von Schwarzen Menschen in der Tradition von Sklavenhaltern reproduziert und das ist »The wound«, das Trauma, mit dem sich Weiße befassen müssen, wenn sie über gefühlt fremde Kinder schreiben. »What is often called the black soul is a white man's artifact. This sentence reminds us that it is not the Black subject, we are dealing with, but white fantasies of what Blackness should be like.«[55] Im Zweifel gibt es sensitvity reading[56], um Kolonialismen, Rassismen und andere Diskriminierungsformen in Texten aufzudecken. Oder damit zu spielen. Also ja, meine weißen[57] Kolleg*innen dürfen über arabische Kinder schreiben. Aber ich empfehle die gründliche Recherche, die Selbstprüfung (Warum will ich Vielfalt schreiben und wie stehe ich innerlich dazu?) sowie den kostenlosen Schreibkurs von Nisi Shawl & Cynthia Ward »Writing the other«.[58]

---

55 Grada Kilomba: «Plantation Memories – Episodes of every day racism», Münster 2020.
56 https://sensitivity-reading.de/themen/rassismuserfahrungen
57 Weiß im Sinne von Mensch ohne Rassismus- und Otheringerfahrungen.
58 Vgl. http://www.aqueductpress.com/books/samples/978-1-933500-00-3.pdf kostenlos im Netz.

Zweitens wird die deutsche Kinderliteratur nicht diverser durch bloßes »Figuren-Make-up«. Es wird derzeit nur um eine vordergründige Vielfalt gerungen, etwa, wenn mehr bunte Kinderhautfarben in den Büchern zu sehen sind, aber das reicht nicht! Verlagsteams, Autor*innen, Kritiker*innen und Jurys sind von Vielfalt entfernt. Das heißt, es gibt eine privilegierte Bubble, in der über Inhalte, Formen und Sprache der Kinderliteratur entschieden wird. Wirkliche Vielfalt wird aber nur mit Vielstimmigkeit erreicht. Und da ist noch Luft nach oben. Auf kulturelle Vielfalt etwa bezogen sollten es also noch mehr Kinderbuchautor*innen of Color werden, damit auch die Perspektiven auf die Welt bunter werden und vielfältiges Wissen und vielfältige Erfahrungen und Narrative in die Kinderliteratur einfließen können.

Es gibt aber noch einen dritten Grund, warum es nicht reicht, wenn lediglich weiße Kinderbuchautor*innen Vielfalt beschreiben. Es geht ja nicht nur um das Schreiben der Bücher, sondern auch ums Repräsentieren. Auf Lesungen vor Kindern, Vorlesungen wie hier. Autor*innen of Color sind komplett unterrepräsentiert, mehr noch: Wir können sie an einer Hand abzählen. Welche Namen fallen Ihnen auf Anhieb ein? Die Bachmannpreisträgerin und Schwarze britische Autorin deutscher Sprache Sharon Dodua Otoo hat in ihrer Lesung beim »Textland-Literaturfestival« Bilder von Teams gezeigt: Verlagsmitarbeiter*innen, Kritiker*innen, Literaturpreisjurys, Autor*innen auf Literaturfesten. Eine komplett weiße Literaturlandschaft. Sie erzählte, wie ihr Sohn die Präsentation kommentierte: Wenn Schwarze Kinder das sehen, glauben sie nicht, dass sie auch mal Schriftsteller werden können.[59]

2. Schreibschatztruhen

Die persisch-deutsche Geschichtenerzählerin und Schriftstellerin Mehrnoush Zaeri-Esfahani arbeitet mit dem Bild der Schatztruhe. In ihrem Essay »Als Deutsch noch nicht meine Zunge war«[60] und in ihren »Denkwerkstätten«[61] spricht sie vom Inhalt ihrer Schatztruhe, die unter anderem »die schwarzen und bunten Steine«[62] enthält und: »... ein unendlicher Schatz an Erinnerungen, Gerüchen, Gedanken, Traditionen, Liedern, Geschichten, meine persische Zunge und auch meine fantastischen Wesen. Aber darin befanden sich auch die Trauer und der Schmerz über den Verlust der Heimat. Die Trauer, die ich vermieden hatte, vergessen wollte.«[63]

Der Verlust der Heimat, die Flucht und die erlebte Angst sind die schwarzen Steine in Zaeris Schatztruhe. Meisterhaft hat sie diese in Literatur verwandelt; in zwei Versionen, eine realistische, eine fantastische. Das war nicht möglich, ohne sich auch die schwarzen Steine anzu-

59 Transkript aus **Textland** l 24.10.20 Aufzeichnung https://www.youtube.com/watch?v=fnwvmUaLMQE
60 Mehrnoush Zaeri-Eshfahani, in: Cennamo, Peterlini (Hg.) Menschenbilder in der Weiterbildung, Meran 2018
61 http://www.zaeri-autorin.de/angebote/denkwerkstatt-gemeinsam-leben-aber-wie-zusammenhalt-in-der-diversen-gesellschaft/
62 Mehrnoush Zaeri-Eshfahani, Denkwerkstatt online vom 20.8.20 Gemeinsam leben – Aber wie?, Mitschrift.
63 Mehrnoush Zaeri-Eshfahani, in: Cennamo, Peterlini (Hg.) Menschenbilder in der Weiterbildung, Meran 2018.

schauen.[64] Wodurch sie ihre »bunten Steine«, ihre literarischen Potenziale – »Geschichten, meine persische Zunge und auch meine fantastischen Wesen«, ihr Narrativ, realisieren konnte.

Diese Geschichte ist ein Beispiel für das Narrativ einer Autorin of Color. Für eine dieser Schatztruhen. Ein wichtiger Beitrag zur deutschsprachigen Kinderliteratur. Leider ist es oft noch so, dass PoC ausschließlich Erfahrungen von Marginalisierung thematisieren sollen. Das ist einer sehr eingeschränkten Imagination zu verdanken. Die gesamte Schatztruhe mit fantastischen Wesen und bunter Zunge möchte aber in die deutschsprachige Kinderliteratur einfließen. Das Potenzial, die Geschichten, die Erzählweisen, die Sprachen. Die »schwarzen und die bunten Steine«, danke liebe Mehrnousch für dieses Bild.

Im Folgenden öffne ich für Sie meine Schreibschatztruhe. Dort wohnt der Granatapfel mit der Grünen Soße aus Hessen. Meine zwei Länder, Libanon und Deutschland, sind da ein Land und es gibt Werkzeuge und Poetisiertiere. Es gibt auch dunkle Steine, doch die erzähle ich in der nächsten Vorlesung. In der Schreibschatztruhe befinden sich Hinweise auf eine Facette meiner Arbeit: Die Kinderbuchsprachen.

---

64 Mehrnoush Zaeri-Esfahani: 33 Bogen und ein Teehaus und Mondmädchen.

Teil 2: Eine Facette meiner Arbeit: Das Poetische Experiment und seine Auswirkungen auf meine Kinderbuchsprachen

1. Sprachliche Potenziale von Autor*innen auf Color

Einer der Schätze von Kinderbuchautor*innen of Color ist oft die Sprache. Die meisten PoC[65] sind von mehreren Sprachen umgeben oder mehrsprachig. Die Mehrsprachigkeit hat Auswirkungen auf unser Schreiben, da Sprache Wahrnehmung beeinflusst. Diesen Prozess hat Kübra Gümüşay in ihrem Buch »Sprache und Sein« genau beschrieben. »Sprache in all ihren Facetten – ihr Lexikon, ihre Wortarten, ihre Zeitformen – ist für Menschen wie Wasser für Fische. Der Stoff unseres Denkens und Lebens, der uns formt und prägt, ohne dass wir uns seiner in Gänze bewusst werden.« Sprache, so schreibt sie, kann begrenzen, zum Beispiel, weil sie keine Ausdrücke für bestimmte Phänomene enthält. »Meine Tante schaute aufs Meer, in die tiefe ruhige Dunkelheit, und sagte zu mir: ›Sieh nur, wie stark dieser *yakamoz* leuchtet!‹ Ich folgte ihrem Blick, konnte aber nirgendwo ein starkes Leuchten entdecken. ›Wo denn?‹, fragte ich sie. Sie deutete erneut auf das Meer, doch ich wusste nicht, was sie meinte. Lachend schalteten sich meine Eltern ein und erklärten, was das Wort Yakamoz bedeutet: Es beschreibt die Reflexion des Mondes auf dem Wasser. Und jetzt sah auch ich das helle Leuchten vor mir in der Dunkelheit. *Yakamoz.*

---

65 PoC ist eine selbst gewählte Bezeichnung von verschiedensten Menschen, die sich als nicht-weiß definieren. In der Mehrheitsgesellschaft gilt weiß nach wie vor als Norm und nicht-weiß als Abweichung davon. Was PoC miteinander verbindet, sind geteilte Rassismuserfahrungen, Ausgrenzung von der Mehrheitsgesellschaft und kollektive Zuschreibungen des »Andersseins«. In weiß dominierten Gesellschaften sind nicht-weiße Menschen seit der Kolonialzeit von Rassismus und Diskriminierung betroffen – bis heute. (https://missy-magazine.de/blog/2017/04/03/hae-was-heisst-denn-people-of-color/).

…. Sprache kann auch ein Werkzeug sein. Sie kann uns in der Dunkelheit der Nacht die helle Reflexion des Mondlichts sehen lassen. Sprache kann unsere Welt begrenzen – aber auch unendlich weit öffnen.«[66]

Auf jeden Fall verändern Sprachen die Wahrnehmung. Und auch wenn viele Kinderbuchautor*innen of color mit dem Thema Sprache zudem Marginalisierungserfahrungen verknüpfen, sind doch unendliche (unbewusste) poetische Potenziale darin enthalten. Als Jugendliche habe ich in mein Tagebuch geschrieben: »Sprache ist mein Haus!«, nichtsahnend, dass die berühmte und von mir sehr bewunderte Yoko Tawada es einmal so schreiben würde: »Ich dachte, wir wohnen in den Sprachen, deshalb habe ich nie das Gefühl, dass ich obdachlos bin!«[67]

Die Sprachen von Autor*innen of Color sind bunte Steine in dieser Schatztruhe. Sogar wenn sie einsprachig sind, wie ich im Folgenden zeigen werde. Wie mein sehr frühes Interesse, die Wörter auf die Goldwaage zu legen, diese besondere Mehrsprachigkeit evoziert hat: die Meersprachigkeit.

2. Die Wörtergoldwaage oder der Zauber, einem Wort auf den Grund zu gehen. Neue Poetisiertiere erblicken die Welt

Die Wörtergoldwaage ist ein Teil in meiner Schatztruhe, ein Verfahren meines Schreibens. Themen, Sprachen, Fantasie schöpfe ich unter anderem mit ihr. (Kleiner Abschweif: Ich

66 Kübra Gümüşay: Sprache und Sein, Berlin 2020.
67 Yoko Tawada: Opium für Ovid, Tübingen 2000.

weiß, dass viele meiner (zumeist weißen) Kolleg*innen sich derzeit von der Wörtergoldwaage eingeengt und gegängelt fühlen, ja sogar Widerstand leisten. Ihre Aufregung ums Wägen verstehe ich aber nicht. Was gibt es Spannenderes als die Wörter sorgsam auszuwiegen? Den Radius eines Worts zu messen? Auch den negativen.)

Streng genommen bezeichnet der Duden an erster Stelle der Erklärungen sowieso lediglich ein dichterisches Verfahren: »... umgangssprachlich: alles wortwörtlich, übergenau nehmen.[68]« Ich ergänze: Wörter auf die Goldwaage legen, das Wort (wertvoll; gewichtig) wird auf einer eigens dafür konstruierten goldenen Waage fein ausgewogen; Bedeutungen, Klang, Aura, Assoziationen, Reime, Vergangenheit sind unsere Gewichte genauso wie Perspektiven aus anderen Kulturen und Sprachen, um so die ganze Reichweite zu erfassen.

Für mich und viele Dichter*innen ein lustvoller und notwendiger Prozess. Und ein zauberhafter. Figuren, Sprachen und manchmal ganze Texte entstehen so auf dem Grund eines Worts.

Exkurs/Schachtel 1: Araberin auf die Goldwaage – Eine Arabärin taucht auf

Wie wichtig dieses Verfahren für mich ist und wie hilfreich es außerdem in der aktuellen Debatte sein kann, möchte ich an dem Wort »Araber« verdeutlichen. Mein Vater ist

---

68 Vgl. Duden.de

Araber. Oder soll ich lieber Libanese sagen? Was klingt schöner? Und warum?

Libanese ist tatsächlich etwas genauer und informiert über das Herkunftsland meines Vaters, da ja in vielen Ländern der Welt arabisch gesprochen wird.

Lassen Sie das Wort Araber trotzdem einmal nachklingen im Ohr. Welche Assoziationen bringt es hervor? Vielleicht negative? Und was wissen Sie nun über mich? Ich sage es Ihnen: Nichts weiter. Noch habe ich nur etwas über meinen Vater gesagt. Und doch denken viele, wenn sie hören, mein Vater sei Araber, diese Kinderbuchautorin ist Araberin.

Lexikalisch ist die Araberin eine Einwohnerbezeichnung zu Arabien. Arabien wird dort als die Region der arabischen Halbinsel bezeichnet. Dann bin ich also, wenn ich dem Duden glaube, sowieso keine Araberin. Meines Erachtens ist der Begriff Araberin eher historisch klischeehaft verortet: Im wilden kolonialen Arabien von Karl May etwa.

Andrea und Araberin haben eine Schnittmenge von 5 gleichen Buchstaben. Da liegt die Verwandtschaft im Klang nahe, und schon sind wir bei der Poesie.

Ich ergründe die Zuschreibung mit einem poetischen Experiment, mit einem Anagramm. Ein Verfahren der Wörtergoldwaage.

ARABERIN ANDREA

IN ANDREA ARABER?

EIN ARABEN-RADAR

DEINE NARR-ARABA

ANDRE ARA-BAERIN

DURCH DIESES ANAGRAMM DER ZUSCHREI-
BUNGEN AUSGELÖSTES SELBSTGESPRÄCH:
»ARABERIN ANDREA?« Bin ich das?

1 ARABERIN ANDREA. Ondreya Arabiya. Ich höre meine
libanesische Familie läuten. Vaterfamilie. Du kennst doch die Araber, sagt meine deutsche Mutter. Einmal alle Buchstaben zürnisch
schütteln und schon wird's antwörtlich.

3. EIN ARABEN-RADAR, was eigentlich ist dieser Arabe?
Ein Tier, ein Küchengerät? Ein Gemüse? Oder eine Arabe? Ich.
Kinder nennen »Arabe« als weibliche Form von Araber.

4. DEINE NARR-ARABA sagt: Ich bin die Närrin der Spaß-
narrative. Mit doppeltem Boden. Immer und Schatzkisten. Auf-
fällig gekleidet. Da flattert was und rauscht: ein Gefieder. Ists der
Rabe oder der Ara? Und wohin rauscht er mit dem Narr auf dem
Rücken. Fährt im Auto, ist schneller auf Türkisch Wagen. Der
Sprachwagen und das Sprachwagen. Einen Wagen wagen. Da rum-
pelts, da rappelts und das Gefieder, das Fliegen von Wörtern, das
Gemüt. Ja anders, aber da. Ara-Pracht. Ara-Geschwätz Närrin
Farbe Fell der Bärin.

5. Die ANDRE ARA-BAERIN erscheint auf dem Papier.
Am »Gefieder der Sprache« entlang.[69]

Die andere Ara-Bärin ist ganz neu in diesen Zeilen
erwacht, aber sie schreibt schon lange mit mir. Und wen
bringt sie mit? Sie trägt eine Sprache auf dem Kopf, die
sie nicht spricht, die aber dunkel leuchtet.

---

69 Aus einem Gedicht von Hilde Domin.

Exkurs Schachtel 2: Arabisch auf die Goldwaage

Arabisch ist für mich ein Kraftwort. Ein Papawort. Eine Sprache voller Poesie und Klang. Mir fremd und vertraut zugleich. Mein Vater brachte mir seine Sprache nicht bei, aber ich war umgeben davon und fasziniert. Diese Fremde machte diese Sprache zu einem Geheimnis, zu einem magischen Ort, denn: »Daheim, wo wir mehr verstehen als in der Fremde, macht sich das Wundersame und Magische rarer.«[70]

Diese Fremde war bei mir zu Hause. Ein Zauberhaus, ein Haus des Wunders, wie es später in meinem Buch »Tee mit Onkel Mustafa« beschrieben wird. Ein seltsames Haus, voller Poesie, das Mina entdeckt. Erstaunt stellt sie fest, dass dort sogar die Sonne anders ist.

Dort, wo normalerweise eine Sonne scheint, strahlten nun drei Gestirne übereinander. Dennoch war das Haus angenehm kühl. »Darf ich vorstellen: der Turm der Wunder und der Wahrheit Ihrer Majestät, der Kamel- und Vogelprinzessin. Wir befinden uns am Empfang des Anwesens.« Die Glaswände glitzerten. Auf den roten Sesseln lagen goldene Kissen. »Ist das alles echtes Gold?«, flüsterte Mina ehrfürchtig. »Wie du möchtest, mein Kind«, sagte Onkel Mustafa kichernd. »Weißt du, hier ist alles erlaubt. Und jetzt zeige ich dir die Zimmer.« Die Zimmer des Wunderturms. Mina lief vorsichtig über das Glas. Jeder Schritt klang so fein nach wie das Läuten eines Xylofons. Der Onkel lief die Treppe hoch und öffnete die erste Glastür, die ebenso fein erklang. Das erste Zimmer war leer. Nur der Boden war bedeckt mit Vogelfedern aus blauem Silber,

---

70 Stefan Weidner, ebd.

deren Glitzern ein wenig in den Augen piekste. In der Ecke des
Raumes begann die nächste Treppe.[71]

Damals wurde die Goldwaage in mir angelegt.

(Aber was liegt auf Ihrer Goldwaage, wenn Sie das
Wort »Arabisch« hören? Terror vielleicht? Islam, Islamis-
ten? Krieg? Barbarisch = Arabisch? Orient? 1001 Nacht.
Ja, Krieg liegt auch auf meiner Goldwaage, 1975 begann
der Bürgerkrieg im Libanon und ich war zwölf. Doch das
Gute wiegt schwer.)

Als ich 2007 begann, in Kairo Kurse in Hocharabisch
und ägyptischem Dialekt zu belegen, um nachzuholen,
was mein Vater versäumt hatte, schrieb ich folgenden Satz
in mein Tagebuch:

Jedes Wort, das in einen arabischen Spiegel schaut,
kommt gefiedert zurück.

Fassen wir zusammen: Arabisch ist ein Sprachschlüs-
sel, ein Schatz. Ein Spiegel. Als Kind schon fühlte ich
mich mit Arabisch verwandt, da mein Name ja auch mit
A beginnt. Mit der Flugkraft des Raben und seiner Nacht-
schwärze wird das Wort Arabisch allemal aufgewogen.

Rhabarbererfrischend ist das Wort. Rabenschön, Bä-
renstark, ein Ara. Ich habe Kraft und Größe, Fell und Federn auf der Goldwaage, und da fliegt was auf über dem
Kopf der Arabärin.

Schließen wir nun die Schachteln, tauchen wir auf aus
den Exkursen. Von der Goldwaage sind zwei Poetisiertiere
geflogen, die Ara-Bärin und mein Lieblingsvogel:

71 Aus: Andrea Karimé: Tee mit Onkel Mustafa, Picus Verlag Wien 2011.

»nicht tisch nicht leicht

nicht fisch doch reicht

wie flügelfrisch

wie wolkenweich

wie glücklich ah

der ARA-BISCH ist da«

3. Goldwaage 2: Meersprachigkeit oder My nation is imagination

Durch das Benutzen der Goldwaage entstehen neue Bedeutungen, neue Sprachen. Und wenn ich dann noch Wörter aus anderen Sprachen auf die Goldwaage lege, dringe ich in noch andere Welten, wie beschrieben mit dem Wort Mai. Ich entgrenze die Wasser der Einsprachigkeit und gelange in ein großes salziges Gewässer. Dieses Sprachenmeer taucht in meinen Büchern immer wieder auf. Zum Beispiel als »Kalimlarium« in »Kalim Baba und die Wörterlampe«. In dieser Geschichte bricht Kalim Baba auf, Wörter zu finden, die gegen Krieg helfen. Madamm Wollek die Wolkenkratzerin führt ihn zu einem fernen Turm.

Das Turmzimmer war rund und voller Fenster, war eine Scheibe aus Gold und Stein in den Boden eingelassen. In der Ecke glänzte eine Goldwaage. Unzählig viele Zeichen waren in dieser Scheibe aus Gold und Stein eingeritzt und in jedem Zeichen waren neue Zeichen. Madamm Wolleks Aprikosenaugen schauten von außen durch ein Fenster herein. »»Kluger Kalim Baba. Das ist das Kalimlarium, die

Wörter der Welt. Niemand konnte bisher etwas damit anfangen.
Deshalb liegt es hier so verlassen. Und ich wohne manchmal hier.
Aber vielleicht hilft es dir.« Kalim Baba nickte. Die Wörter der
Welt. Ob es wirklich alle waren? Das klang unglaublich. »Die
Zeichen sind also Wörter?«, fragte Kalim Baba. Madamm Wollek
nickte. Kalim Baba begann auf dem Kalimlarium herumzulaufen.
Es war so schön, dass er fast geblendet war. »So ein Reichtum!«,
dachte er begeistert. Fast hätte er vergessen, warum er gekommen
war.«

 Demnach enthält das Kalimlarium alle Wörter der Welt, und
alle Sprachen der Welt, vom all / auch jene, die es nirgends gibt. [72]*.*

In diesem Sprachenmeer schwimmen die Wörter hin und
her und verbinden sich. Neue Wörter entstehen. Das ist
Meersprachigkeit. Lege ein Wort aus einer anderen Sprache auf die Goldwaage, und wiege es mit deinen Wörtern
aus. Voila: Meersprachigkeit. In der Meersprachigkeit wird
zum Beispiel das Wort Arabisch über araba zum Sprachwagen, zu einem Bild, das eine Geschichte auslösen kann,
zumindest aber Poesie. In »Kalim Baba und die Wörterlampe« habe ich mit vielen »meersprachigen« Anklängen
gearbeitet. Madamm Wellkamm ist die Mutter meines
Helden Kalim Baba. Welches Wort hab ich wohl vorher
auf die Goldwaage gelegt: WELCOME. Bedeutet Will-
kommen, wird auch nach einer Entschuldigung gesagt.
Aufgewogen mit Welle und Kamm.

 Die Meersprachigkeit rauscht und poetisiert. Und das
wird daraus:

---

72 Das schönste Zimmer in meinem Kopf – Gedichte Andrea Karimé unv.

Man nannte sie Madamm Wellkamm, weil sie einen großen
Kamm aus Pfefferminz, Gold und Muscheln besaß, mit dem sie wilde
Meereswellen in ihr weißes Haar kämmen konnte. »So ein herrli-
cher Tropfentag. Es riecht ganz köstlich nach Zimt und Zeit! Si-
cher kommt mein Baby bald!«, sagte sie und kämmte sich die Haare.
Madamm Wellkamm hatte schon als Kind weiße Haare. Niemand
konnte genau sagen, warum das so war. Mit dem Wellkamm ordnete
sie Erinnerungen in ihrem Kopf. So konnte sie auch in die Zukunft
sehen. Deshalb fuhr sie als Wahrsagerin mit dem roten Wohnwagen
auf der Weltkugel herum. Der Wohnwagen hatte vier Fenster und
eine geöffnete Tür, die mit einem eisernen Schloss an der Außenwand
befestigt war. »Warum sollte ich die Tür schließen«, sagte Madamm
Wellkamm oft. »Wo doch dauernd jemand zu Besuch kommt!«

Auch der Name Kalim ist dem arabische Kalem= Wort abgeleitet. Und innen findet sich Ali, der von Ali Baba. So ist mit
einem Wort die Erinnerung an eine ganze Geschichtenwelt
evoziert. Es gehen Türen im Kopf auf. Die Wörterlampe ist
natürlich absichtlich mit Wunderlampe verwandt. Der Mär-
chenschatz des Orients ist Teil meiner Meersprachigkeit.

Auch in »Wörterhimmel des Fräulein Dill« finden sich
meersprachige Spuren. Einzig das Wort »Dill« im Türkischen »dil = Zunge, Sprache« hat die ganze Geschichte
ausgelöst. Diesen Prozess habe ich in meiner Vorlesung
»Wörter und Himmelörter« beschrieben.[73]

Streng genommen handelt es sich bei Mai / mai und
Dill / dil um das grammatische Phänomen der falschen
Freunde. Das sind Paare von Wörtern oder Ausdrücken

---

73 Siehe Seite 76 ff. in diesem Buch.

aus zwei Sprachen, die orthografisch oder phonetisch ähnlich sind, jedoch unterschiedliche Bedeutungen haben. In Kalim Baba habe ich viele solcher Wörter mit Anklängen aus anderen Sprachen verwendet und neu kreiert. Diesen Prozess findet man bei der wunderbaren Dichterin Uljana Wolf als translinguale Poetik.[74] Neue Wörter und Ideen entstehen bei der Begegnung mit einem Wort aus anderer Sprache. Meersprachigkeit.

4. Ausblick

Ich habe gezeigt, wie sich biografische kulturelle Vielfalt in meinem Fall auf die Entwicklung von Kinderbuchsprachen auswirkt.

Ara-Bisch und Ara-Bärin sind heimliche (meersprachige) unsichtbare Protagonistinnen, die sich auf Grund meiner biografisch geprägten Perspektive in meine Bücher einschleichen und so ungefragt interkulturelle deutschsprachige Welten kreieren. Wie Hintergrundklänge, die Sprache und Inhalt beeinflussen. Edel wie sie sind, geben sie sich nicht zu erkennen. Aber sie treiben ihre Späße, wie in »Sterne im Kopf« und in »Antennenkind[75]«, der poetischen Geschichte ab 5 über einen hochsensiblen Jungen, für den geheimnisvolle (arabische) Wörter als Schlüssel zu Freundschaft und Selbstfindung dienen, erzählt in zwei Schachteln und damit möchte ich die Vorlesung beenden:

---

74 Uljana Wolf: Meine schönste Lengevitch, Kookbooks.
75 Andrea Karimé: Antennenkind, Picus Verlag 2021, mit Illustrationen von Birgitta Heiskel.

Der Geschichten liebende Köbi versteckt sich in seinem Zimmer. Denn »Der blöde Besuch soll weg! Vorher komme ich nicht raus. Der Besuch hat eine Pistolenstimme, ›die in mein Ohr geknallt ist.‹ « Der Besuch heißt Tante Ruh, das ist Arabisch (»Stachelsprache«) und heißt Seele, was nur Papa versteht. Sie bleibt zu Köbis Unglück, da ihr Haus im Libanon zerstört wurde. Nur hasst Köbi alles Neue. Mama nennt ihn Prinz auf der Erbse, Papa Zuckerjunge. Und obwohl die Tante sich im »stillen Zimmer« zurückzieht, will Köbi sie »weg« haben. Er geht nicht in die Schule, will aber eine Geschichte schreiben. Es ist die Geschichte des Jungen, »dem die Welt zu laut war und der Regen zu heiß«, und der auf einer märchenhaften Reise herausfinden will, ob er wirklich aus Zucker ist. Aber wie soll die Geschichte enden? Eines Tages führt ihn seine Schildkröte in Tante Ruhs Zimmer. Dort gibt es eine Überraschung. Die Tante hat in ihrem Kummer viel gezeichnet. Zum Beispiel ihre kaputte Stadt. Und ein Bild von Köbi. Aber wie sieht er aus? »Was habe ich da in den Ohren?« »Tilf hawaii!«, sagt Tante Ruh, und das klingt auf einmal geheimnisvoll. »Das sind gläserne Antennen. Tante Ruh meint, du bist ein Antennenkind!«, sagt Papa. Großartig, findet Köbi, nähert sich selbst und der Tante mit ihren seltsamen Wörtern an und schreibt seine Geschichte fertig.

Birdy words from the dill-box – Multilingualism and poetical writing for children
Lecture, Finnland 2022

It is a great honour for me to be invited to speak about my writing practice in the context of the DRIN project. I will talk about poetry and multilingualism, and I will do this in English, even though I have never been to, let alone lived in, an English-speaking country, and even though English is a language I don't often need to express myself in. So, I'm stepping out of my comfort zone and into a space of insecurity, that many people here in Germany whose mother tongue is not German are familiar with. The big difference with me is that I have a choice. I will have the choice at the end of this lecture whether I will repeat it: Reading in a language that is not my mother tongue.

I will talk about multilingualism in children's literature, although I am not multilingual in the common sense. Nevertheless, I grew up with many languages, and this shapes my writing. I don't speak Arabic, but the language belongs to me.

Multilingualism is often a special potential of BIPoC. A lot of you speak several languages privately or work in different languages. Some of us have grown up with languages that are familiar to us but which we cannot speak. For example, when a parent speaks another language but does not pass it on to their child for a variety of reasons. This is multilingualism and a potential as well.

We all draw from what I call the dill-box.

Dill, the beautiful cucumber herb for salad, sounds like *dil*, which means language/tongue in Turkish. And this is a big deal for me as a poet and children's books writer. Through the principle of the so-called «false friends», kinship is created here through sound. And an image is created. The image of a fine green growing spicy language, perhaps. Multilingual authors have the possibility to write from their dill-boxes. Add to that the fact that *dil* means heart in several languages, such as Hindi and Urdu, and our box turns into a language heart box. Or heart language box. But more later.

It is my ambition to draw attention to these potentials. It is a way to reflect the reality in diverse society and to represent more and more diverse children's realities.

Also, I strongly believe that in times when more and more discriminatory potentials of words and language are revealed, it becomes more and more important to make up new language in children's literature. And for this, poetical writing and multilingualism can become a good companion.

In what follows, I first outline the various aspects of multilingualism as a characteristic of childhood, and then move on to concrete practices. In this context, I refer to my working techniques as well as those of other colleagues.

1. Multilingualism: Growing up with wordy birds

I grew up with five languages. My Lebanese father knew four languages besides Arabic. And words from these languages flew around in my childhood like colourful, mysterious magic birds. *Wordy birds. Mischmaul, Türktschekonnuschuyorum, comonsawa.* Et cetera. I didn't understand most of it. Our family language was German, the others were magic. That's why I started collecting. I made lists, and when my father had time, which unfortunately was not often, he translated my favourite words into four other languages.

But I never really learned Arabic.

Here I feel a kinship with Etel Adnan. The polyglot artist and poet, who grew up in Beirut, never learned Arabic. Back then, between the two world wars, the language «… became a second-class language in its own country!» she wrote in her essay «Writing in a foreign language!» which is included in the wonderful collection «Storm without Wind», which gathers much of her writing and conversations.

«Gradually, a whole generation of boys and girls felt to be head and shoulders above poor children who did not go to school and spoke only Arabic. Arabic was equated with backwardness and ignominy. Years later I learned that something like this happened throughout the French colonial empire …»

This deep devaluation, which leads to not teaching one's own child the mother tongue, is something my father also brought with him to Germany in the 1960s.

Arabic was a kind of secret language for me, a musical language in which feelings and information were conveyed that were not accessible to me, as a component of a foreignness that was part of my childhood. I tried to imitate this language. Which was about the same as when birds imitate humans. And vice versa. They don't understand the real meaning. But what then emerges is described beautifully by Yoko Tawada, a wonderful multilingual writer from Berlin, at the end of her poetry lecture «Transformations». The appropriation of a language by the imagination.

«A bird that imitates a human language understands neither the content nor the so-called grammar of the language. Nor will humans ever be able to understand bird language. But a concentrated imitation can – like dreams – present clear images of the foreign language!»

One could also speak of a fantastic translation.

I imitated my father's bird language. But one day I discovered the magic of *translingualism*.

My first conscious trip to Lebanon was when I was 8 years old. I had only been there once before, but as a baby, so I have no memory of it. Shortly before, in my German grandparents' living room, my father taught me my first Arabic word. It was Sunday afternoon. The adults were talking about the upcoming trip. I listened attentively, as I was already very excited. Suddenly, my father turned to me. «You should learn some Arabic!» He pointed to his glass and said something that sounded like, «Attini may!» What? «May means water!» he explained. I was baffled.

May had always been a magic word for me. It had the power to bring my birthday, and the knee socks I was finally allowed to put on after a long winter. May smelled of bells and greenery, meant euphony and well-being, in short it was a wonderful story.

From now on, my beloved word May tasted of cool, entirely transparent liquid. May became the magical month of water. I discovered an Arabic German homonym. In grammar we call this «false friends». But for me that was only a miracle, and it was the beginning of the lifelong friendship of Arabic and German words in my head.

Many years later, I set out on a journey to explore the language of my father, with whom I have long been out of contact. I attended lessons in standard Arabic *(al *arabi foussha)* and in Egyptian *(masry)* in Cairo. I learned the characters and discovered that I knew many things from my childhood trips to Lebanon. I mastered the pronunciation well because the sound still lives in my ears. I also knew all the numbers, which was an invaluable advantage in the Cairo market.

It was a moving time. In school, I learned English, French and Russian, Italian, Arabic and Turkish travelling. But the only language, that I speak properly, is German.

But words have since seemed to me like birds, that can miraculously flit between languages and became birdy word or wordy birds. Or that lives in a dill-box. Language is a marvellous creature of change.

2. Multilingualism: Living in several languages

What we usually mean by multilingualism is when children grow up speaking several languages and can move around well in several languages as adults. This is enviable and great.

My children's book colleague Tayo, for example, moves back and forth between German, English and Romany with ease. Arzu Gürz writes children's books in Turkish and German, just to name two examples.

This kind of multilingualism is a feature of diversity, a characteristic of diverse children's reality. And is just as unrepresented as other aspects of diversity in children's literature.

Children's literature in Germany, for example, claims «monolingual white childhood».

Olga Grjasnowa a German novelist thoroughly illuminates this phenomenon in her fascinating essay «The Power of Multilingualism».

«There are around 7000 languages and 195 states worldwide. Multilingualism is therefore the normal situation. Monolingualism is the exception. However, it is found among a very powerful minority!»

There are over 2000 languages in Africa. Children in Morocco grow up with at least three languages as a rule. This means they usually move fluidly back and forth between cultures and languages.

For poetry, this capacity opens continent-wide doors, texts that mix languages, invent new languages in this way, and thus have a poetic specificity.

The Kenyan writer Yvonne Adhiambo Owour, one of my favourite authors, has impressively poetically woven multilingualism and diversity of languages into her book «The Sea of Dragonflies». It is the story of the multilingual girl Ayaana, who lives with her mother on the island of Paté off the coast of Kenya and chooses the arriving old sailor Muhidin as her father. Muhidin also becomes her teacher.

Once, he asks Ayaana to recite the word «dragonfly» in four languages.

«Muhidin told Ayaana to repeat its name kereng'ende in four other languages: «Matapiojos. Libélula. Naaldekokor. Dragonfly.» Ayaana intoned: «Matapiojos. Libélula-Naaldekokor. Dragonfly.» Ayaana intoned: «Matapiojos. Libélula. NaaldekokorAyaana intoned: «Matapiojos. Libélula. Naaldekokor. Dragonfly.» She clasped her hands, squeezing them. «Why?» she asked. Muhidin whispered: «To savor its essence. To do that, you must taste at least three languages on your tongue.»[76]

I can't help thinking of my language lists that I created in my childhood. Owour refers to hidden knowledge about words that can only be accessed through translation and listening. I think that is a wonderful thought.

So again, multilingualism in all its manifestations is usually a poetic potential of Persons of Color, people in and from Africa and the African diaspora, people in Asia and the Asian diaspora and indigenous people.

The potential and reality of multilingualism is left out of most children's books. In Germany, this is because those who tell stories for children are predominantly white and monolingual.

In my writing workshop in Cologne-Kalk, a Somali boy answered the question of what he wants to tell the world: «I speak German, English, French, Spanish and Somali.»

---

76 Yvonne Adhiambo Owuor: The dragonfly sea, 2020 New York 2019.

So let's tell more stories that break through this assertion. So let's tell multilingualism. Let's tell stories of noncolonial languages. Let's represent realities that have been excluded from children's literature.

3. Multilingualism and children's books writing – about practice

There are various ways of narrating multilingualism as a characteristic of childhood. And I certainly don't know them all. Here are some examples:

3a. Bilingual books – direct narration of multilingualism

This is particularly suitable for picture books with very short texts. Susann Bee, a Black German author, lives in Düsseldorf with her daughter and her Ghanaian husband and two main languages. (She actually lives with Twi, English, German, Mandarin, French and Portuguese.) When she started writing children's books, it made sense to write stories in two languages. This is how «Zoey the Superhero: Oh no, a spider», came into being and was self-published. This is an adventure story featuring a Black superheroine. Two languages tell the story side by side.

3b. Indirect narration of multilingualism

In my kids' novel «Tea with Uncle Mustafa», Mina speaks Arabic and German. She visits her father's homeland, Lebanon, for the first time during the summer holidays.

She is fascinated and irritated in equal measure. The most beautiful encounters are with her uncle Mustafa, who herds sheep and tells her stories. But then war breaks out. Worried, they all have to hurry back to Germany. Uncle Mustafa comes with them, but he doesn't like Germany at all. He becomes more and more sad and increasingly confused. One day, after school, Mina and her friend Lucy find a man sitting in front of the house.

«Mina realized she knew this man very well. It was Uncle Mustafa! He had spread his rug on the pavement in front of the house and lay there, snoring. There was a teapot beside him. «Oh dear, that's my uncle! What on earth is wrong with him?» Mina knelt beside him and tried to wake him. «Uncle Mustafa, wake up!» she called out in Arabic. Lucy played with her zip. «What's wrong with him? Mina raised her shoulders. «I don't know!» Slowly, Uncle woke up and looked around. «Uncle, what are you doing here in the street? Are you not feeling well? Have you lost your key?» Again, Mina spoke in Arabic. «Of course, I'm all right. What do you think, my sweetie? And what key?» Oh, dear! Uncle seemed to be completely confused. «The key to the flat, uncle! Did you leave it upstairs? And what are you doing here?» «What am I supposed to be doing here? What kind of question is that? I'm just sitting around in my thoughts. Just like always.» «But it's dirty and cold on the street, Uncle Mustafa.» «A shepherd must be outside. A bit of dirt doesn't bother me. But where are all the other people? I'm bored. Is this your friend? Welcome!» The uncle held out his hand to Lucy and smiled kindly at her. Lucy looked questioningly at Mina. «My uncle says ‹welcome›.» «Hello!» Lucy replied, shaking her uncle's hand.»

The story tells the relationship between Mina and her uncle. And it tells that Mina is a master of switching between languages without an Arabic Word.

4. Working with the poetic power of words – Several dill-box-collections

Another very important work for children is playing with words. Children have a lot in common with poets: they love to play with language, to fool around with language, to construct new words. And children think figuratively. For this reason, among others, it is not surprising that children enjoy poems, and not only those written especially for them. This leads us to poetic writing. Children's texts may have language that satisfies their interest in poetry.

I will now give some examples of how multilingual potentials can be used poetically.

4a. Magic language
In his wonderful book «Dikum, dakum!», the multilingual Senegalese-German children's author and storyteller Ibrahima Ndjaye tells the story of a great drought. Therefore, the animals go in search of food. With the help of the chameleon and a mysterious spell, they find a way out of their misery.

DIKUM DAKUM LAKUM DINIKUM FANKUM FANKUM BIBI SAYA was the melodious, mysterious verse, which carries the reader through the whole book.

I asked Ibo, as insiders call him, what this spell means, and my suspicion that a mixture of real languages had been created here, was confirmed. The verse is based on part of a sura from the Koran that says that the good you do God gives back to you. *Bibi saya* is a word in Malinke, a language of Senegal. It sings about the strength of the community.

Here the poetic potential of a multilingual author becomes clear, who draws from the fullness of many languages. Who draws of his dill-box. As a matter of course.

4b. There is a whole story in one word

But it doesn't always have to be the magic word. You can also use single words to tell diverse realities. You can give your heroine a name that comes from another language. For my book «Nuri und der Geschichtenteppich» I chose Nuri because Nur means light in Arabic. In my radio play, the cat is called *Mischmisch*, which means apricot in Arabic and because the cat has an apricot coloured fur. *Nomen est omen* is a Latin word. And this omen is a story idea.

Sometimes it just sounds beautiful. For example, Salma from my current writing class, named her story Aduunka. The Somali word for *world*. The atmosphere of the story is already palpable in the title, on the one hand through the mysterious sound of the word, but also through its meaning.

In her children's novel «Pembo», Ayse Bosse replaced the comic word «bamm» with its Turkish equivalent «güm».

4c. Mix of words – mix of languages.

In the novel just mentioned, Ayse Bosse has invented the word *Köftöffel* from the Turkish meatballs *Köfte* and the German word Kartoffel (potato) – a *migrant* term for Germans. Köftatoes would maybe be the best-sounding English translation. It is the funny euphonic self-designation of the character, who has both German and Turkish roots.

And this neologism, a new word that has not existed yet, so a birdy word, points to the fact that language knows no boundaries. Again: Language is a marvellous creature of change.

4d. My dill-box – Planetenspatzen

Single words from other languages can be starting points for rhymes, nonsense, playfulness and poetry. The mixing of languages is a phenomenon that occurs all over the world. Children of the periphery in Paris through mixing languages have invented a new secret language, Verlan. Depicting and representing these creative abilities of children is a beautiful way to show diverse children's realities.

In my book «Planetenspatzen», I collected words from the most common immigrant languages and turned them into poems, mini-stories, rhymes, and tongue twisters. This process came about through many links to my childhood.

For this lecture, I have tried to translate two poems to illustrate the infinite possibility of the pleasurable use of multilingualism in writing for children.

It is not ready, of course.

Let's have a look at a poem about the Croatian word Mačka, means cat/Katze.

matschkakatze

katzenfratzen
klatschkakatze
patschkapatschen
*matschka*matsche
katzenklatschen
watschkawatsche

Mačka sounds squishy and slushy and splashy. I collected words that pick up the sound of Mačka and made this poem. For the English version I had to change the basic form, including the rhythm.

muchkacat

my muchkacat
isn't a smuchkacat
neither a cluchkacat
maybe a touchkacat
in any case such a cat
that cuts my chitchat

5. Closing (Lolo-)word

Multilingualism is often a poetic potential of BIPoC. In other words, BIPoC often own a dill-box. I showed that the dill-box is a boundless extraordinary dilly language box in which fly or dilly-dally back and forth between languages. With which you create new words and languages. What children love and always do. Writing with a dill-box is a way to represent multilingualism in a poetic way, and thus to tell an important – and often underestimated-potential of multilingual children.

And now I wish you many wordy birds and birdy words for your stories, and let the lolobird end this lecture. Lolo means red in Romani. Lolo has two child-friendly syllables, which are siblings. You can sing it and compound nouns with lolo sound wonderful, and they are all red. Lolo-Word, Lolo-Boat, Lolo-Bird.

> lolowort
> ein wörtchen namens lolo rot
> das hört ich einst im loloboot
> es war so froh und erdbeerfrisch
> gesungen hats der erdbeerfisch
> im roten meer und überall
> wo rotes singt mit feinstem schall

lolo-word
once there was a lolo-word
once it met a lolo-bird
back then on a lolo-boat
the bird wore a fancy lolo-coat
they worded together loud and free
to the wild red and rumbling sea
the evergreen of the strawberry flea

Credits

Etel Adnan, *Schreiben in einer fremden Sprache* in: *Sturm ohne Wind*, Berlin 2019

Etel Adnan, *To write in a foreign language*, in *Unheard voices* London 1984

Ayse Bosse, *Pembo*, Hamburg 2020

Olga Grjasnowa, *Die Macht der Mehrsprachigkeit*, Leipzig 2021

Andrea Karimé, *Tee mit Onkel Mustafa*, Wien 2011 und *Planetenspatzen*, Wien 2022

Ibrahima Ndjaye, *Dikum dakum*, available in several languages via the author's e-shop http://ibrahima-ndjaye.de

Yoko Tawada *Verwandlungen*, Tübingen 2018

Yvonne Adhiambo Owuor, *The dragonfly sea*, Vintage Reprint edition 2020

قلم

Teil 3

#writerslife #kidsbooks- writerslife

»Mich zu verorten und zwar genau dort, wo ich möchte, nicht dort, wo andere mich platzieren, diese Freiheit hat mir Poesie gegeben.«

Chantal-Fleur Sandjon

»Selten sind wir diejenigen, die im weißen Mainstream unsere Erfahrungen in Worte fassen.«

Ella Schwarz

1. ARBEIT

Sechs Buchstaben. Und während ich weitere Buchstaben auf eine Wortkette fädle, vergeht Zeit. Zeit, in der ich kein Geld verdiene. Obwohl dieses Fädeln Arbeit ist. Ich arbeite also jetzt gerade für lau, wenn du so willst. Buchstabe für Buchstabe. Ich setze diese Wortketten zu einem Text zusammen, und jedes Wort frisst einen Teil meines Tages. Und zahlt nichts dafür. Während du dies liest, werde ich aber schon wieder bei einer anderen Tätigkeit sein. Im besten Falle Schreiben. Im besten Falle bezahlt. Warum aber mache ich es jetzt in diesem Moment für lau? Vielleicht weil ich eine Frau bin? Für lau arbeiten ist tatsächlich etwas, was mehr Frauen machen als Männer. Care-Arbeit, Ehrenämter, Kinderbücher schreiben. Meine Kollegen lassen sich dazu nur selten hinreißen.

Moment.

Es kommt auf das Genre an. Lyriker*innen sind schon eher bereit, etwas zu liefern, ohne dass Honorar winkt. Kinderbuchautor*innen hingegen fragen mich: »Wieso machst DU das?«

Ich fädle und denke nach.

Wichtig für dich ist zu wissen: Es ist nicht mein Verschulden, dass Zeilen wie diese nicht bezahlt werden. Und auch nicht das Verschulden eines kleinen Verlags, der ständig für ein literarisch ambitioniertes Programm ums Überleben kämpfen muss, weil große Verlage und Verlagsgruppen den Markt beherrschen wollen. Wer bestimmt, was bezahlt wird?

»Wenn du dir das leisten kannst?«, sagte ein anderer aus dem Kolleg*innenkreis. Der Gedanke gefällt mir. Ja, ich leiste mir das Schreiben. Den Aufenthalt zwischen Zeilen. Die Quality-Time mit Buchstaben, Lauten an diesem Montagmorgen, an dem ich gerade ein bezahltes Auftragsprojekt beendet habe und weitere (z.T. unbezahlte) Projekte warten. »Wenn du dir das leisten kannst«, sagte auch der Kinderbuchkollege, als er sich meine Bücher aus kleinen literarischen Verlagen ansah. »Ich will ja vom Schreiben leben!« Er meint damit, dass er sich das Schreiben von sogenannten »Orchideenbüchern« nicht leisten kann. Und weil er es sich nicht leisten kann, schreibt er laut seiner Aussage Kinderbuchreihen, mit denen Verlage Autor*innen beauftragen. In der Regel funktionieren sie nach ähnlichen Plotgesetzen und in einer Sprache, von der Kinderbuchverlage behaupten, Kinder verstünden sie nur so und nicht anders. Ich erinnere mich an meine erste Gruppenlesung mit zwei weiteren Autor*innen vor fünfzehn Jahren. Ich stand gerade am Anfang meines Schreiblifes. Und hatte nur ein einziges Kinderbuch veröffentlicht. Vor dem Saal war ein Büchertisch aufgebaut, und ich traf die Kollegin, die mit mir auf dem Podium las. Von ihr waren mehrere Stapel Bücher auf dem Tisch. Die Kollegin begann sich zu entschuldigen. »Also, das sind nicht alle, die ich geschrieben habe. Es gibt auch anspruchsvolle Kinderromane von mir!« Mein Blick fiel auf rosa Bücher mit Pferden und Feentüchern. Glitzer und blonden Mädchen. »Wenn du dir das leisten kannst?«, hätte ich beinahe zu ihr gesagt. Es ist immer eine Frage der Perspektive, was sich jemand leisten kann. Ich kann mir nicht leisten, mich für meine Bücher entschuldigen zu müssen. Oder vielleicht möchte ich das auch nicht. Das »Pferdeserien-Schreiben« bringt vielleicht mehr Geld fürs Auffädeln, aber ich leiste mir tatsächlich, es nicht zu tun. Und ja, ich kann es mir leisten, da ich für die Vermittlung meiner Texte – Kinderbücher, Gedichte, Essays – durch Lesungen, Workshops und Vorträge genug Geld verdiene. Etwas zu einer Anthologie wie dieser hier beizutragen, ist ein Privileg. Ganz eindeutig.

Aus einer bestimmten kapitalistischen Perspektive ist diese Arbeit, der Text, den du gerade liest, aber nichts wert. Vielleicht wäre der Text laut Meinung des Kapitalismus sogar nur aufgefädelte Luft.

»… /zugrunde liegender Ohrenweisheiten/wegen wische ich die Buchstabenketten vom Tisch; Perle für Perle,/fädle Luft stattdessen in die Bänder …«

Hätte ich auf die Ohrenweisheiten hören sollen?

Was für ein schönes Bild der Dichterin Swantje Lichtenstein.

Eine Kette aus Luft zum Atmen vielleicht. Die kein Geld bringt. Die wir aber brauchen.

Genau, ich fädele eine Luftkette. Es ist der Zustand der tiefen Inspiration, die sich beim Schreiben einstellt, und die Gewissheit, dass das, was ich gerade schreibe, zwar Zeit schluckt, Buchstabe für Buchstabe, aber dafür etwas anderes ausgespuckt wird. Es ist der Moment des Glücks einer Idee, einer gelungenen Formulierung. Es ist die Gewissheit weiterzuschreiben, das wichtige (Alpha-) Beet der Ideen zu wässern. Es ist auch vielleicht das Generieren von Material, das, wenn konserviert, später noch in anderen Zusammenhängen genutzt werden kann. Vielleicht bezahlt.

Genuss, Privileg und Notwendigkeit, das ist das Schreiben für mich, auch das Schreiben, das (noch) kein Geld bringt. Wie das Kochen der Suppe, die ich gerade – nebenbei – aufgesetzt habe. Und es ist beides A R B E I T.

2. A R B E I T #queerkidsbookswriterofcolor

Als meine Kollegin Chantal-Fleur Sandjon mir letztes Jahr im Februar erzählte, dass sie gemeinsam mit der Illustratorin Jasmina El Bouamraoui ein Netzwerk für *queere Kinderbuchschaffende of Color* gründen will, wusste sie nichts von meinen lesbischen Romanen, geschweige denn von meiner »queerness«. Sie kannte und schätzte mich als Kinderbuchautorin und Dichterin. So war sie völlig überrascht, als ich sie bat, mich in das Netzwerk aufzunehmen. Warum sie es nicht wusste, liegt in meiner geschlossenen Hand.

Die ich jetzt öffne.

Ein Kollege aus Köln startete ungefähr zeitgleich eine Umfrage auf Facebook, ob er ein Jugendbuch mit schwuler Erotik unter seinem Klarnamen veröffentlichen sollte oder unter Pseudonym, haben fast alle Kolleg*innen dafür gestimmt, dass er unter Pseudonym schreiben soll. Was schließlich auch geschah. Die Begründungen sind ernüchternd. Eltern könnten erschreckt sein, die vielleicht alles kaufen, was unter dem Klarnamen erschienen ist. Buchhandlungen müssen ja ein Regal dafür haben. Eltern könnten befürchten, ähnliche Szenen könnten in den Kinderbüchern auftauchen. Und und und. Das zeigt, dass sowohl Sexualität als auch Homosexualität nichts an ihrem Tabustatus verloren haben, selbst im 21. Jahrhundert nicht. Und mir fiel eine Erinnerung wie Schuppen von den Augen.

Als ich vor vier Jahren noch einmal Lehrerin zur Vertretung war, war die Elternvertreterin begeistert und kaufte alles, was es von mir gab, auch die Romane, die ich vor meinen Kinderbüchern veröffentlicht hatte. Plötzlich lag da alles nebeneinander auf einem Tisch vor versammelter Elternschaft.

Ich war geschockt. Mein Gefühl, dass meine (teilweise erotischen) Romane mit lesbischen Protagonistinnen nichts, aber auch gar nichts im Umfeld Eltern-Kind-Schule zu suchen haben, vermischte sich mit Scham und von den Füßen bis zum Kopf quellender Hitze. Ich hörte mich sogar sagen: Ich empfehle Ihnen die Lektüre nicht. Es war ein schrecklicher Moment, in dem ich sogar verflucht habe, kein Pseudonym zu haben. Ich dachte nicht im Traum daran dazuzustehen. Die entsetzliche Trennung wurde mir bewusst, als ich den Kolleg*innenpost las und das Netzwerk *litqid* gegründet wurde.

Und bin ich nicht sogar schrecklich unsolidarisch?, fragte ich mich.

Diese Zeilen öffnen die Tür zu meinem Versteck. Von dem mir nicht bewusst war, dass ich es noch immer habe.

Als queere Kinderbuchautorin bin ich beinahe unsichtbar, mache mich unsichtbar aus Furcht vor oben genannten Konsequenzen. Ich räume *queerness* aus dem Regal meiner Erfahrungen, die ins Kinderbuch einfließen. Während ich es selbstverständlich mit meiner Perspektive als Person of Color fülle.

Okay, so ganz stimmt es nicht, dass das Regal leer ist. Hast du Augen, dann findest du etwa *Onkel und Onkel* in »Sterne im Kopf und ein unglaublicher Plan«, *eine Frau, die aussieht wie ein Mann*, in »King kommt noch«, *Opa hat ein Kleid an* in »Lea Opa und das Himmelsklavier« und anderes. Ich schreibe also zumindest *queerness* in die Kulissen. Nicht auf Held*innen bezogen. Sondern nur die Nebenfiguren transportieren *queere diversity*.

Nachdem ich das erkannt habe, musste ich mich fragen, wie ich in Zukunft damit umgehen möchte.

Meine Freundin und Diversitytrainerin Ellen Wagner unterstützte mich, erklärte mir die Wirkung von Visibility auf die Community, machte mich aber auch darauf aufmerksam, dass bei schwulen Personen immer noch schnell der Missbrauchsverdacht entsteht, wenn diese mit und für Kinder arbeiten. Männer hätten es also diesbezüglich tatsächlich schwerer. Ein Pseudonym ist nicht nur Verstecken, sondern auch Schutz.

Natürlich muss jede*r selbst wissen, wann diese Tür zu öffnen ist und wann nicht.

Unter anderem deshalb ist der Raum des *litqid* (queere kinderbuchschaffende of color) so wichtig. Erstens, weil ich die Trennung nicht möchte, zweitens als *#saferspace*, in dem eine*r sich nicht erklären muss, und drittens als Ort für Kooperationen mit Gleichgesinnten.

Das Regal meiner Erfahrungen, die ins Kinderbuch einfließen, ist aufgefüllt. Mein nächstes Projekt ist deshalb vielleicht eins, ein Bilderbuch etwa, das ich gemeinsam mit der Illustratorin Jasmina Bouamraoui entwickeln werde, die bekannt ist für ihre fantasievollen, innovativen und gendersensiblen Bilder. Gerade trafen wir uns in Berlin zum Brainstormen.

So stay tuned!

3. #writerslife aus/züge (n) und dazwischen/s

1

eine japanische gemüsesuppe am bahnhof dann in den zug nach wiesbaden in die wunderbare casa, die ich seit sechs jahren regelmäßig besuche, es regnet neuer schirm entpuppt sich als abwehrspeer gegen aufdringliche kofferunkumpel im kopf gestern toller abend mit kolleg*innen in saarbrücken nach wilden lesungen und berührendem workshop. essen lecker gespräche lustig und geistreich im zug noch schnell die letzten korrekturen im hörspielmanuskript anbringen atmo pink arabisch grün unterlegt später in der casa mit toller leitung sohaila 2 kindergruppe ein hinreißendes »deine stimme sieht so anders aus in dem mikrophon« schnell noch wiederholen nächstes jahr vereinbart später badewanne.

2

unterwegs nach karlsruhe lese ich mal wieder eine ankündigung für zukünftiges lesen und finde herkünftiges *autorin (für kinder) mit migrationshintergrund besucht uns* gemeint bin ich und sind kinder mit nachteilen. die kids deren mehrsprachigkeit als nachteil gesehen wird zb ich so: *wortloss* (tomer gardi) und *kotzgefiel* vorbei an baumskeletten und sonnenpudding tatsächlich tu ich sinnvolles frohes für diese kids. trotzdem gefällt mir die sache nicht weil wer wird sonst schon mit herkünftigem angekündigt die weiße, deutschdeutsche kollegin unter mir im folder »preisgekönt« hab ich ich das schon mal irgendwo gelesen: »eine autorin für weiße priviligiierte kinder kommt in unsere einrichtung?« oder »deutschdeutsche lehrertochter liest« schnell in die bergzähne den blick und auf die die die es anders machen und das sind noch die meisten

3

unterwegs nach tübingen mache ich halt in stuttgart fliege zum hotel und stelle den koffer ab dann weiter mit dem zug und mir fallen diese kinderfragen ein begebe mich hinter den fragenvorhang, schon lange sammle ich diese fragen, kommt meine lieblingsfrage vorbei an herrenberg, ob ich selbst eine geschichte sei, ja sage ich, und dicker wolkenpelz tut so als ob er wärmte und schweift mich ab, weil ich noch immer nicht ganz erholt bin vom letzten reisen »wenn die erinnerung auf wolken wandert braucht die zunge kein visum« sagt ozan zakariya keskinkılıç in prinzenbad und ich denke daran, dass ich als kind immer träumte, dass mir der pass geklaut wird, der deutsche natürlich, aber das ist ein anderes thema ein ganz andere geschichte, ja, sage ich also, jede*r ist eine geschichte mehrere auch du, das kind schaut das nachbarkind zufrieden an, und ich notiere die letzten kleinen ideen für den workshop, von dem mich jetzt nur noch eine autofahrt trennt, gleich, bei den afro-kids mit #kaugummiundverflixungen das schon zwölf jahre alt ist mit huma und den glücksvögeln so unglaublich leuchtend illustriert von anne behl vor zwölf jahren.

4

ankunft bei den afrokids. »das blöde buch willst du lesen?« sagt das kind der veranstalterin zu mir. es handelte sich um #kaugummiundverflixungen. (ich so eigentlich wortloss: warum magst du es denn nicht?) die veranstalterin sichtlich nervös, versicherte mir, dass ihr kind nur die eine stelle nicht mochte usw. es war aber dann doch eine ganz bezaubernde veranstaltung insbesondere auch wegen des kinds, das mir hinterher bedauernd sagte: man kann seine meinung ja nicht nicht mehr ändern.

5

»ich sehe mich in mir um« so simone scharbert da sind neue tapetenstücke nun nach der letzten lesereise mit den planetenspatzen an den inneren wänden (ein ganz neues buch und ein altes im gepäck) fröhliche, lichte. etwa wie die schülerin, 8, schelmisch sagte: ich glaub ich weiß jetzt was mein neues lieblingsbuch wird, und das war das alte buch #teemitonkelmustafa und immer wieder diese freude die die #planetenspatzen in den federn steht da in den tapeten diese augenleuchtige siebenjährige als sie die verwandtschaft von ay (türk. mond) und ei entdeckt wie ein schatz steckt sie ins herz das mondei. da war so viel feuer bei den kindern dieses kinderglück etwas zu wissen, einen vorteil zu haben: lisalica heißt lutscher, sagt selim,8, feierlich steht er auf und weist auf seine nickenden nachbar*innen: wir alle drei wissen das, serbisch, bosnisch und kroatisch sagt er stolz vielleicht ebenfalls auf das *glitzerhäubchen der wörter* aus nun in kinderhänden an meinen wänden

6

zwischentage in köln zwischen lesereisen sehe dass sich die trauben noch gehalten haben also wohlgehaltene trauben mein frühstück und öffne den stapel elektronische briefe dieses schöne bild und mir fällt ein wie ich gestern nach elf veranstaltungen der woche dachte diese zwei schaffe ich nicht auch noch aber dann die glückliche gastfreundschaft der ganzen einrichtung jetzt der nachtblaue kuchenteller mit sternen und traubenkernen was für eine aussicht ich schaffte es also und las noch erfolgreich und obendrein vergnügt zweimal vor 70 kindern schleppte mich und das gepäck zum zug und jetzt rufe ich schon im

nächsten hotel an wir haben keinen wasserkocher aber ein
ruhiges zimmer sagt eine stimme aus zitrone oder mond
glaube ich also einen einpacken notiere ich mir schließe
das smartphone und halte den kopf in andere zeilen und
»mit dem morgen krochen die dinge in ihre worte zurück« (christoph danne)

7

wolkengraue strähnen am himmel unbedacht lehne mich
an die schulter des tags zwischentag zeit für poetische
knüpfungen: buch/staben/ beet/ immer Haus/ بيت

Dr. Jana Mikota
Nachwort

»Ein in mir wohnendes Tier hilft mir, diese Wörter sprechen zu lassen und mehrdeutige vielschichtige Geschichten zu erzählen.«, heißt es in dem Essay *Wörter und Himmelörter - Sprachen erfinden, poetische und fantastische Räume öffnen*. Bereits in dieser Aussage erfasst die Autorin die Poetologie ihres Schreibens: Vielschichtigkeit. Sie spielt mit Wörtern, lässt neue entstehen und zeigt vor allem den kindlichen Leser*innen, was Sprache alles leisten kann. Ihre Geschichten sind mehrdeutig, intettextuell und es sind Gegengeschichten, die sich tradierten Bildern widersetzen.

Andrea Karimé stammt aus einer binationalen Familie, ihre Mutter ist Deutsche und der Vater Libanese. Mehrsprachigkeit prägte ihre Kindheit. Daher erstaunt es nicht, und sie schildert es auch in ihren Essays, dass Wörter, Mehrsprachig- und Vielschichtigkeit den ›roten Faden‹ ihrer Geschichten bilden, die nicht nur an Kinder im Grundschulalter adressiert sind, sondern auch an erwachsene Leser*innen. Ihre Essays und Vorträge erarbeiten in diesem Band eine Poetik der Mehrsprachigkeit, die sich dann in ihren Kinderromanen und ihrer Lyrik wiederfindet. In Karimés Kinderbüchern gibt es vielfältige Sprachen, aber auch den Sprachverlust. Sie fordert heraus, über Sprachen nachzudenken, sie erklingen zu lassen und sie nicht als etwas Defizitäres (auch im Klassenzimmer) zu betrachten. Ihr geht es nicht um Hierarchisierung von Sprachen, sondern um ein gleichwertiges Miteinander und auch darum, dass Kinder mit mehreren Mutter- oder Vatersprachen als sprachreich betrachtet werden. Sprache(n) sind ein wichtiges Mittel, Sprache(n) gehören zum Menschen, mit Sprache(n) lassen sich Wünsche artikulieren und mit Wörtern kann man sich gegen Unrecht wehren. Sprache wird, auch das verdeutlichen die unterschiedlichen Essays, ein Teil der Identität. Ist diese verloren, fühlt man sich einsam und unvollständig. Sprache erweitert als Medium, aber auch die Identität, daher wird das Erlernen der Sprachen als etwas Wichtiges erachtet.

Sprachentdeckerin

Aber was hat dies alles mit Kinderliteratur zu tun? Warum sollte man auch im Kinderbuch über Mehrsprachigkeit bzw. die Vielschichtigkeit von Sprachen nachdenken? Sprachen sogar thematisiren? Kinderliteratur zeichnet sich durch eine Sprachenvielfalt und einen Varietätenreichtum aus, die von einer Alltagssprache, einer literarischen Sprache über Dialekte bis hin zu einer Fantasiesprache reichen und die kindlichen Leser*innen in die Welt der Kultur und Sprache einführen kann. Einerseits sprechen in literarischen Texten die Figuren selbst, bedienen sich einer eigenen Sprache, werden durch diese Sprache charakterisiert, und andererseits erzählt ein Erzähler in ›seiner‹ Sprache die Geschichte. Sprachliche Gestaltung bekommt unterschiedliche Funktionen zugewiesen und eine besondere Rolle spielt dabei der Umgang mit Mehrsprachigkeit. Sprache ist somit auch ein integratives Mittel und gerade Karimés Geschichten zeigen die Vielfalt von Sprachen. In ihrem Alltag begegnen Kinder unterschiedlichen Sprachen, erfinden im Spiel eigene Sprachen und entdecken Geheimsprachen. Das Merkmal der Sprache unterscheidet den Menschen von anderen Lebewesen, denn mit Sprache kann der Mensch mit anderen Menschen in Kontakt treten, sich verständigen oder seine Gedanken verschriftlichen. Literatur ermöglicht zudem, dass der Mensch neuen Ausdruckformen begegnet, sich an der Sprache erfreut und »Zugang zu neuen und fremden Gedankenwelten« findet (Budde 2012, 25). In kinderliterarischen Texten treffen Kinder auf unterschiedliche Sprachmuster und werden für neue Sprachen und damit auch neue Sichtweisen sensibilisiert. Zugleich erweitern die Texte den Wortschatz, fördern sprachliche Kompetenzen und lassen sich auch in heterogenen Lerngruppen einsetzen.

In der Sprachdidaktik findet sich der Ansatz des *Language Awareness*, den man zunächst mit Sprachbewusstheit übersetzen kann. Die Sprachdidaktikerinnen Sigrid Luchtenberg (1998, 2010) und Heidi Rösch (2017) verstehen *Language Awareness* »als Sprachbildung, die sprachliche und kulturelle Diversität nutzt und gestaltet, Sprachenvielfalt hervorhebt, mehrsprachige und interkulturelle Kommunikation gestaltet« (Rösch 2017, 36). Hinzu kommt nach Luchtenbreg (2010) der Gedanke, dass *Language Awareness* auch Mehrperspektivität und Perspektivenwechsel ermöglicht (Luchtenberg 2010). Heidi Rösch erweitert den

Ansatz und führt den Begriff *Literature Awareness* ein, der Literaturbewusstheit meint, also das »Wissen über, Wahrnehmung von und Sensibilisierung für Literatur, ihre Formen, Strukturen, Funktionen, ihren Gebrauch, Erwerb und ihre Vermittlung« (Rösch 2017, 39). Folgt man diesem Ansatz, der sich an literaturwissenschaftlichen und -didaktischen Konzepten orientiert, dann bekommt die Kinderliteratur eine wichtige Funktion zugewiesen. Neben einer mehrsprachigen Kinderliteratur ist es auch die interkulturelle Kinderliteratur, die den »Fokus auf die Wechselbeziehungen z.B. von Kulturen, auf deren Dominanzverhältnis, auf Gemeinsamkeiten und Unterschiede […] sowie auf Prozesse des Austauschs und Konflikte« (Rösch 2017, 41) lenkt. Die Forschung, hier maßgeblich bestimmt durch Ulrike Eder, unterscheidet zunächst zwischen additiv und integrativ mehrsprachiger Kinderliteratur (vgl. Eder 2009, Rösch 2013, Mikota 2018). Additiv mehrsprachige Kinderliteratur meint jene Texte, in denen die Geschichte zweisprachig erzählt wird. Integrativ mehrsprachig bezeichnet jene Texte, in denen mehrere Sprachen miteinander kombiniert und oftmals nicht übersetzt werden. Solche Sprachmischungen können bekannte Sprachen wie Englisch, Türkisch oder Französisch aufnehmen, aber auch Fantasiesprachen, die es gemeinsam zu entziffern gilt. Bei den gemischtsprachigen Texten ist in der Regel eine Sprache dominant, aus der zweiten Sprache werden Elemente, kurze Phrasen, einzelne Begriffe oder idiomatische Wendungen integriert. Dabei sind zwei Varianten möglich: Der entsprechende Begriff wird mit einer Übersetzung entweder in Klammern, als Fußnote oder im Glossar versehen. Diese Vorgehensweise ist für Romane aus Kulturräumen der Kontinente Afrika und Asien charakteristisch. Mitunter erfolgen auch Erklärungen in Fußnoten oder im Glossar zu den Übersetzungen.

In Karimés Geschichten spielt gerade diese Form der Mehrsprachigkeit auf vielfältige Weise eine entscheidende Rolle, denn ihre Romane und Gedichte sind voller unterschiedlicher Sprachen. Mal werden einzelne Wörter in den Satz ohne Übersetzung eingeflochten, mal sind es ganze Sätze und diese müssen im Kontext erschlossen werden. Hinzu kommt ihr Spiel mit Sprachen sowie Neologismen, die sich auch in den vorliegenden Essays zeigen: Sie stellt Geheimnismänner- oder Flausenblumen vor, macht auf Homonyme zwischen den Sprachen aufmerksam und lenkt spielerisch den Blick auf das Spiel Teekesselchen, das auch mehrsprachig funktionieren kann.

Dass Mehrsprachigkeit/Vielsprachigkeit auch zur Lyrik gehört, zeigt Karimé eindrucksvoll in ihrem Band *Planetenspatzen*:

Schokohund

schoko im mund
danke mein hund
schukran ja kälbi
schokolabälbi
schoko im mund
logo mein hund

Vor allem Gedichte wecken die Lust, sich mit Sprachen auseinanderzusetzen, Sprachen zu genießen und mit Wörtern zu spielen. Man kann so viel mit Wörtern machen, etwa sammeln oder verschenken. Man kann aber auch dichten.

In ihren Romanen und Gedichten macht Karimé Sprache somit zum Thema und bietet Kindern und Erwachsenen gleichermaßen an, spielerisch über Sprache nachzudenken, aber vor allem: Sprache auszuprobieren, mit Wörtern zu spielen und die Bedeutung herauszuarbeiten. Und das gänzlich ohne einen pädagogischen Zeigefinger!

Es ist ihr Umgang mit Sprache, der eine Sprachbewusstheit fördert und die jungen Leser*innen ermuntert, nach ihren Sprachen zu suchen und ihre Sprachen auch laut auszusprechen. Gerade in ihrem Kinderbuch *Der Wörterhimmel des Fräulein Dill* erschafft sie nicht nur ein »Loblied auf die wunderschöne türkische Sprache«, sondern fordert auch heraus, jene Wörter zu verstehen, die sie neu bildet wie etwa Wiesenschreibtisch, Wörterhimmel, Buckelfräulein oder Bestimmerblödine. Der Klang wird hervorgehoben, wenn Minou »Knisterungen und Flüsterungen im Gras und in den Löwenzähnen« in dem Bilderbuch *Minou und der Geheimnismann* hört. Damit wird auch die Einladung laut, nicht nur die Umwelt zu erlauschen, sondern auch die Wörter laut auszusprechen. Denn diese summen, zischen und wispern.

Ihre Fantasiesprachen sind Freude am Spiel mit Worten, sie machen aber auch Mut, Neues auszuprobieren.

Ihr Umgang mit Wörtern verweist auch auf sprachliche Besonderheiten. Und vielleicht wird Sprache in ihren Büchern zu einer ›Mutmachsprache‹, die Kindern unterschiedlicher Sprachkulturen Mut gibt, in ihren Sprachen Geschichten zu erzählen.

Stimmengeberin

»Kinderbücher müssen Räume sein, in denen Kinder Fragen finden.«, heißt es in der Poetik-Vorlesung *Zumutungen, Zitterfische, Zauberdinge – Kinderlitera-Türen*. Kinderliteratur wird hier als eine Tür bzw. als ein Tor in eine neue Welt betrachtet und daher muss Kinderliteratur viele Geschichten erzählen.

In der Forschung liest man, dass Literatur die Vorstellungskraft fördert, Perspektivenwechsel ermöglicht und auch Empathie unterstützen kann. Auch diese werden selbstverständlich im Werk der Autorin eingeflochten. Denn: Zunächst schreibt Andrea Karimé Literatur, hat keine spezifischen Adressat*innen im Blick, schreibt weder nur für Mädchen oder nur für Jungen, sondern für alle. Ihre Kinderbücher sind etwas Besonderes, denn sie zeigt Diversität als etwas Selbstverständliches, lässt Figuren mit und ohne Migrationshintergrund auftreten und vor allem nimmt sie in der Figurenrede ihre Sprachen auf. Die kindlichen Figuren in ihren Werken – *Tee mit Onkel Mustafa, Nuri und der Geschichtenteppich, Sterne im Kopf und ein unglaublicher Plan, Kaugummi und Verflixungen, Antennen-*

kind oder *Der Wörterhimmel des Fräulein Dill* – bewegen sich zwischen dem europäischen und arabischen Raum. Sie sind auch dann keine Opfer, wenn sie etwa gemobbt werden. Sie handeln und werden aktiv – wie bspw. Nuri aus *Nuri und der Geschichtenteppich*, die in Anlehnung an Scheherazade ihre Geschichte erzählt und Anerkennung erfährt. Karimés Figuren wollen kein Mitleid, sondern sind voller Fantasie, voller Geschichten und möchten diese erzählen. Sie reduziert ihre Held*innen nicht auf das, was sie nicht können, sondern zeigt sie mit Stärken. Auch wenn sie bspw. die neue Sprache noch erlernen müssen, so sind sie nicht defizitär. Ihre Figuren können neu in einem Land sein, sie können aber auch Elternteile aus unterschiedlichen Kulturkreisen haben. In den hybriden Identitäten verwebt sie geschickt so beide Kulturen miteinander und zeigt vor allem, dass Mehrsprachigkeit ein wichtiges Gut für die Bildung der eigenen Identität ist. Dazu gehört bspw. der Geschichtenteppich, der an Märchen aus *Tausendundeine Nacht* erinnert sowie das Erzählen von Geschichten, aber eben auch der Gebrauch der arabischen Floskeln, Wörter und Sätze. Sie zeigt Kinder, die ihre hybride Identität nicht verstecken.

»Ich schaffe automatisch immer eine Buch-Welt, in der kulturell diverse Figuren das Sagen haben. Das ist mein Blick auf die Welt.«, heißt es in ihrer Poetik-Vorlesung *Ara-Bärin, Ara-Bisch und die Meersprachigkeit – Von der Vielstimmigkeit, der Wörtergoldwaage und dem Schreiben für Kinder*. Sie setzt sich mit der eigenen Biografie auseinander, blickt auf die Gegenwart und so werden aus ihren

Geschichten Gegengeschichten, die eben nicht bekannte Muster erneut erzählen, sondern geschickt die Heterogenität der Gesellschaft aufgreifen und zu Wort kommen lassen. Diese positive Vielstimmigkeit ist für Kinder, deren Biographien ähnlich divers sind, wichtig. Sie finden sich in ihren Geschichten wieder, ihre Namen tauchen plötzlich in Kinderbüchern auf. Nicht die eine Geschichte erzählen, sondern viele, prägt Karimés Schreiben. Sie stärkt die kindlichen Leser*innen, denn gerade in der positiv besetzten Mehrsprachigkeit fördert sie das Selbstbewusstsein und gibt den Leser*innen das Gefühl, dass sie sehr viel können.

Aber es sind nicht nur Sprachen, die sich in ihrem Werk finden, sondern sie zeigt auch die Kraft, die Geschichten haben können. Nuri erzählt, um etwas Gemeinheiten entgegenzusetzen, der sensible Junge Köbi aus *Antennenkind* schreibt ein Märchen, um sich nicht einsam zu fühlen. Geschichten gehören zu Menschen, der Mensch ist ein *homo narrans* und auch das flicht Andrea Karimé geschickt ihren Text ein, erweitert aber das Repertoire an dem, was und wie Kinder erzählen. Traditionen werden reflektiert und neue Geschichten entstehen.

»Flausen sind schöne Gedanken, und Blumen sind Marmelade für die Flausen!«: Flausen positiv besetzen, Kinder ihre Fantasie ausleben lassen und sie ermuntern, die Welt zu entdecken – auch das findet sich in den Geschichten der Autorin Andrea Karimé. Ihre Geschichten nehmen Kinder ernst, aber sie gibt ihnen auch einen Freiraum, sich und ihre Welt selbst zu entdecken!

Ihre Geschichten sind vielschichtig, regen zum Nachdenken an und lassen Fragen offen. Aber die rezente Kinderliteratur braucht Vielschichtigkeit, Mehrsprachigkeit und Texte, die neue Perspektiven erlauben.

Weiterführende Literatur:

Budde, Monika/ Riegler, Susanne/ Wiprächtiger-Geppert, Maja (2012): Sprachdidaktik. 2. akt. Aufl. Berlin: Akademie Verlag.

Eder, Ulrike (2009): Mehrsprachige Kinder- und Jugendliteratur für mehrsprachige Lernkontexte. Wien: Praesens.

Eder, Ulrike (2015): »Alles gut« für den DaZ- und Deutschunterricht. Exemplarische Literaturanalyse eines mehrsprachigen Bilderbuchs als Basis für mögliche Didaktisierungen. In: Eder, Ulrike (Hg.): Sprache erleben und lernen mit Kinder- und Jugendliteratur I. Theorien, Modelle und Perspektiven für den Deutsch als Zweitsprachunterricht. Wien: Praesens. 143-173.

Luchtenberg, Sigrid (1998): Möglichkeiten und Grenzen von Language Awareness zur Berücksichtigung von Mehrsprachigkeit im (Deutsch-)Unterricht. In: Kuhs, Katharina/Steinig, Wolfgang (Hrsg.): Pfade durch Babylon. Konzepte und Beispiele für den Umgang mit sprachlicher Vielfalt in Schule und Gesellschaft. Freiburg: Fillibach. 137-156.

Luchtenberg, Sigrid (2010): Language Awareness. In: Ahrenholz, Bernt/ Oomen-Welke, Ingelore (Hrsg.): Deutsch als Zweitsprache. 2. Korr. und überarb. Auflage. Baltmannsweiler: Schneider Hohengehren. 107-117.

Rösch, Heidi (2013): Mehrsprachige Kinderliteratur im Literaturunterricht. In: Gawlitzek, Ira/Kümmerling-Meibauer, Bettina (Hrsg.): Mehrsprachigkeit und Kinderliteratur. Freiburg: Fillibach. 143-168.

Rösch, Heidi (2017): Language und Literature Awareness im Umgang mit Kinder- und Jugendliteratur. In: Eder, Ulrike/ Dirim, Inci (Hrsg.): Lesen und Deutsch lehren. Wege der Förderung früher Literalität durch Kinderliteratur. Wien: Praesens Verlag. S. 35-56.

Ich danke allen, die mich zu diesen Texten eingeladen, inspiriert und mich so auf wundervolle Wort-Reisen geschickt haben: José Oliver, Ulrike Woerner, Beate Laudenberg, Heidi Rösch, Alexandra Ritter, Chantal-Fleur Sandjon, Jasmina El Bouamraoui, Jana Mikota, Claudia Gehrke, Regina Nössler und Liane Dirks.

Ein herzlicher Dank geht auch an meine Chorfreundin Maria-Luise Schmitz. Für folgende Fotomontagen hat sie mir Fotografien zur Verfügung gestellt: Cover, S. 1; S. 50/51, S. 82/83, S. 108/109; S. 148/149, S. 164/165, S. 180.

Impressum

© Konkursbuch Verlag Claudia Gehrke Herbst 2023

PF 1621, D – 72006 Tübingen, Telefon: 0049 (0) 7071 66551

0049 (0) 172 7233958, office@konkursbuch.com

konkursbuch.de

Poetikvorlesungen 1 und 2 wurden gehalten an der PH Karlsruhe im
Rahmen der Poetikdozentur des Hausacher Leselenz 2019.
Poetikvorlesung 3 wurde 2020 an der Martin-Luther-Universität
Halle-Wittenberg gehalten.
Lecture »Birdy words from the dill-box ...« for DRIN-Project
of Goethe-Institut Finnland 2022.
»Arbeit« entstand für »Konkursbuch 58, Arbeit« (Tübingen 2023)
und »A R B E I T #queerkidsbookswriterofcolor« für
»Mein lesbisches Auge 22, Arbeit« (Tübingen 2023)

Die Arbeit der Autorin an diesem Buch wurde durch ein
Stipendium der VG-Wort im Rahmen von NEUSTART KULTUR gefördert.
Gestaltung: Verlag, Claudia Gehrke mit Fotomontagen von Andrea Karimé.
Gerne schicken wir Ihnen auch unser gedrucktes Gesamtverzeichnis.
ISBN: 978-3-88769-056-4. Auch als E-Book